Reinigungsrituale

für Haus und Wohnung

LUDWIG

Inhalt

Vor einer Reinigung ist es wichtig, sich selbst zu entspannen. Meditation kann den Kontakt zur inneren Stimme herstellen.

Räume sind ein Spiegel der Seele. Stimmungen und Energieflüsse von Bewohnern und Besuchern sammeln sich dort. Mit Hilfe der vier Elemente Feuer, Wasser, Luft und Erde können stockende Energieflüsse gereinigt und wieder zum Fließen gebracht werden.

Die reinigende, heilende und erneuernde Kraft von Wasser ist seit sehr langer Zeit bekannt.

Vorwort

»Noch nie waren wir so sauber wie heute!« In unseren Breiten gibt es nahezu keine Wohnung mehr ohne fließendes Wasser, die Regale in den Supermärkten sind voll von Reinigungsmitteln, die uns porentiefe Sauberkeit, absolut keimfreie Sanitärobjekte, frühlingsfrischen Wäscheduft und fleckenlose Reinheit versprechen.

In bestimmten Fällen bleiben diese Reinigungsmittel jedoch unwirksam. Manchmal haben wir trotz aller Hygiene das Gefühl, uns nach einem unliebsamen Erlebnis gründlich waschen zu müssen. Es gibt Begegnungen mit Menschen, die uns anschließend zum nächsten Waschbecken stürzen lassen, wo wir unsere Hände abspülen können.

Als »Spaceclearing« bezeichnet man die energetische Reinigung von Räumen. Wie man dabei vorgeht, zeigt Ihnen dieses Buch.

Vielleicht haben Sie auch schon einmal einen Raum betreten, der trotz höchster Hygienestandards und nach Aufbietung aller angepriesenen Reinigungsmittel irgendwie schmuddelig und abgestanden wirkte. Wenn die unsichtbare Atmosphäre eines Heims belastet ist, helfen chemische Desinfektionsmittel einfach nicht, denn der »Energiemüll«, um den es sich hier handelt, will auf andere Art gereinigt werden, damit Platz ist für all die Liebe, den Spaß und die Inspiration, die Sie sich für sich, Ihre Familie und die Besucher Ihres Zuhauses wünschen.

Vergessenes Wissen

Für diese Reinigung verwendet man seit alters Reinigungsrituale. Unsere Vorfahren wussten, dass sie Körper und Räume nicht nur von Schmutz bzw. Unrat reinigen mussten, sondern auch von den Überresten emotionaler Schwingungen. Dieses Wissen ist fast in Vergessenheit geraten, obwohl es heute besonders wichtig wäre, die uns umgebenden Energien in Balance zu halten: Wir leben so eng zusammen, produzieren so viele Abfallstoffe materieller und feinstofflicher Art, dass wir auch die energetische Reinigung unserer Räume wieder aufleben lassen sollten. Ein freieres Atmen, ein müheloseres Fließen der Energien, eine lichte Atmosphäre machen das Leben leichter und helfen dabei, mit den Problemen des Lebens fertig zu werden. Grundvoraussetzung für ein erfolgreiches Reinigen über die sichtbare Hygiene hinaus ist aber Ihre Einstellung dazu. Wir sind größtenteils in dem Glauben aufgewachsen, dass es über die sichtbare Welt hinaus nichts anderes mehr gibt. Dennoch gibt es Menschen, die auch unter widrigsten hygienischen Umständen von ansteckenden Krankheiten verschont bleiben. Sie selbst werden sicher auch schon am eigenen Leib erfahren haben, dass man sich bei Stress und Aufregung viel leichter eine Erkältung zuzieht als im ausgeglichenen Zustand. Wenn das uns umgebende Energiefeld verletzt ist, sind wir empfänglich für Krankheiten und Depressionen.

Wie man mit Hilfe von Ritualen die eigene Wohnung reinigt und dann mit positiven Wünschen und Vorstellungen auflädt, zeigt Ihnen dieses Buch. Sie werden lernen, welche Bedeutung die vier Elemente dabei haben und bei welchen Gelegenheiten Rituale nützlich sind.

Andere Methoden des Umgangs mit Raumenergie

Negative Kräfte können aber auch in Häusern entstehen, die so gebaut sind, dass die Energie nicht frei fließen kann, weil Gegenstände, Ecken, Nischen oder ungünstig gelegene Tür- und Fensteröffnungen dies behindern. Hier kann eine energetische Ausbalancierung der Energien nur kurzzeitig Erleichterung bringen, da grundlegendere Maßnahmen notwendig sind. Wenn Sie ein Problem dieser Art haben, helfen Ihnen vielleicht die Beschäftigung mit der chinesischen »Kunst der Anordnung«, dem Feng Shui, und der Rat eines Feng Shui-Experten, denn nicht immer sind es menschliche Einflüsse, die Räume trübe oder bedrückend wirken lassen können. Auch Energieströme der Erde oder von Wasserläufen können einen beträchtlichen Einfluss auf das Raumklima ausüben. Energieströme und Wirkungen dieser Art kann ein Wünschelrutengänger aufspüren.

Seit Jahrhunderten weiß man in China um die Wirkung des Feng Shui, der Kunst der Anordnung. Prinzipiell geht es dabei darum, Grundrisse und Möbel so anzuordnen, dass ein optimaler Fluss der Lebensenergie, des Chi, gewährleistet ist.

5

Was ist magische Reinigung?

Rituale zur Reinigung und Aufladung der Atmosphäre und der Aura gibt es schon sehr lang. Techniken dieser Art werden in vielen Kulturen angewendet, um Menschen und Räume zu reinigen und zu schützen. In vielen Gebieten Deutschlands geht man noch heute am Dreikönigstag, dem 6. Januar, mit einem Weihrauchfass durch Haus und Stall, um mit dem geweihten Rauch alles »Böse« zu vertreiben und Bewohner und Tiere vor Schaden zu bewahren.

Man muss zwischen gesellschaftlichen Ritualen unterscheiden, etwa dem Händeschütteln bei der Begrüßung, und solchen Ritualen, die in eine geistige Tradition eingebettet sind. Dazu gehören Heilungs- und Reinigungsrituale.

Die rituelle Handlung

Bei einem Reinigungsritual werden in einer festgelegten, immer wiederkehrenden Reihenfolge die gleichen Techniken verwendet, wie sie auch bei einer ganz normalen Säuberung von Menschen und Räumen benutzt werden. Dazu gehören z. B. Fegen, Waschen, Lüften und Frischen-Duft-Verbreiten.

Jetzt könnte man natürlich annehmen, dass Hausfrauen, die ihren Frühjahrsputz immer um die gleiche Jahreszeit auf eine exakt festgelegte Art und mit den gleichen Putzmitteln machen, ein Ritual durchführen. Um ein echtes Ritual zu sein, fehlt dem Frühjahrsputz jedoch etwas ganz Entscheidendes: die Absicht und die Überzeugung, mit dieser Handlung auch etwas auf einer nichtmateriellen Ebene zu bewirken – mit dem Scheuern etwa traurige Erinnerungen, finanzielle Sorgen und Zeiten der Krankheit aus der Wohnung zu entfernen, mit der frischen Luft Freude und Gesundheit ins Haus zu lassen. Im rituellen Kontext nämlich bekommt jeder Handlungsschritt und jedes Hilfsmittel eine symbolische Bedeutung. Der Duft von Lavendel ist nicht einfach nur ein Duft, sondern er ist sich verbreitende Freude und Inspiration.

Rituelle Handlungen sind nie sinnentleert, sondern werden von dem Geist und der Absicht der Person getragen, die etwas Bestimmtes bewirken will.

Alles ist Energie

Rituale sind in einer nichtmaterialistischen Weltsicht verankert. Eine zentrale Erkenntnis dieses sehr alten Weltbildes besteht darin, dass alles Energie ist und dass es eine unsichtbare Welt gibt.

In unserer Kultur wurde dieses Weltbild mit der Aufklärung durch eine materialistische Weltsicht abgelöst. Wir sind größtenteils in dem Glauben aufgewachsen, dass es über die sichtbare Welt hinaus nichts anderes gibt. Es existiert nur, was man anfassen kann, es wirkt nur etwas, wenn es mit Hilfe von Messapparaturen beweisbar ist. Geschehnisse, die in einem Zusammenhang stehen, der nicht nachgewiesen werden kann, werden als Zufall abgetan. Wenn Sie an einen Freund denken, und er ruft Sie gleich darauf an, gilt das als ein Zufall. Wenn Sie aber wissen, dass alle Menschen miteinander energetisch verbunden sind, ist diese Synchronizität (Gleichzeitigkeit) kein Zufall mehr, sondern folgerichtig, auch wenn diese energetische Verbindung noch nicht wissenschaftlich bewiesen werden kann.

Manche Dinge allerdings, die bislang im materialistischen Weltbild als nicht nachweisbarer Hokuspokus galten, kann man heute bereits wissenschaftlich erklären. Was die Physiker jetzt allmählich erkennen, haben Mystiker, weise Frauen und Männer, Priester und Priesterinnen schon vor langer Zeit gewusst, in allen Ländern, in allen Kulturen und Religionen: Alles ist Energie.

Mit der Aufklärung seit Ende des 17. Jahrhunderts wurde das christliche Weltbild entmystifiziert.

Verschiedene Ebenen – verschiedene Energiedichte

Energie schwingt auf unterschiedlichen Ebenen verschieden schnell. Die dichteste Ebene mit den langsamsten Schwingungen ist die, die wir anfassen können. Auf sie haben wir in den letzten 200 Jahren unser Weltbild begründet. Wir sind nicht schlecht damit gefahren, daher besteht

7

Der gesamte Kosmos und auch wir Menschen bestehen aus Energie, die unterschiedlich schnell schwingt. Langsam schwingende Energie manifestiert sich als sichtbare Materie.

kein Anlass, diese Entwicklung zu verdammen und in die Phase zurückzukehren, in der ein Großteil der Bevölkerung unter harten Bedingungen sein eher kümmerliches Dasein fristete. Es besteht aber andererseits genauso wenig Anlass, bei dem gewohnten einseitig materialistischen Denken zu bleiben und die Augen – oder andere Sinne – vor dem Unsichtbaren zu verschließen.

Auch Menschen sind Energie

Auch wir Menschen sind nichts anderes als Energie, wie die Wissenschaft mittlerweile herausgefunden hat: Wir bestehen aus Zellen, die Zellen aus Molekülen, die Moleküle aus Atomen, die Atome aus subatomaren Teilchen, stark verdichteten Energieschwingungen.
Die Physik hat großen Ehrgeiz darangesetzt, diese subatomaren Teilchen zu erforschen. Das endete schließlich in einem Paradox – die Teilchen sind keine materiellen »Minikrümel«, die man an einer Stelle aufpicken und klassifizieren kann, sondern sie verhalten sich irritierenderweise so, wie die Beobachter es wollen: Mal sind diese Teilchen wirklich noch

Die Atmosphäre einer Wohnung oder eines Hauses spiegelt die Gefühle und Vorstellungen der Bewohner wider – im positiven wie im negativen Sinn.

Materie, unter anderen Bedingungen verhalten sie sich wie Energiewellen, materielos schwingend.

Es scheint sich also auch in der Wissenschaft abzuzeichnen, dass eine Wechselwirkung zwischen Energie und Materie existiert – ein Phänomen, auf dem auch das magische Weltbild gründet.

Ihr Heim ist Energie

Das Gleiche geschieht in Ihrem Heim. Es ist durchdrungen von Energie, die alles aufnimmt, was sie von Ihnen oder anderen Menschen »geliefert« bekommt. Um Raumklärungen durchführen zu können, müssen Sie sich zunächst mit diesem Gedanken vertraut machen.

Wie der Mensch, so sein Haus – wie das Haus, so der Mensch

Nicht nur das, was Sie in der materiellen Welt tun, hat ein Resultat, sondern auch alles, was Sie in der geistigen Welt vollbringen. Ein sehr deutliches Beispiel dafür, wie menschliche Gefühle und Wünsche Räume beeinflussen, ja geradezu durchtränken, ist die weihevolle Stimmung, die in Kirchen, Tempeln und anderen Weihestätten herrscht. Vergleichen Sie diesen Eindruck einmal gedanklich mit Orten, an denen Hektik, Stress – oder noch weit schlimmer –, Schmerz und Grauen herrschen oder geherrscht haben. Mir selbst ist aus meiner Kindheit noch wie heute die entsetzliche Atmosphäre in Erinnerung, die bei einer Besichtigung einer alten Burg in den Kerkern und Folterkammern spürbar war. Das sind zwar sehr drastische Beispiele, aber sie zeigen, dass Gedanken und Gefühle, die ja in der geistigen Welt zu Hause sind, durchaus ihre Wirkung behalten. Sie beeinflussen die Welt um Sie herum, besonders Ihr Heim, und gestalten auf diese Weise seine Realität, sei diese positiv oder negativ. Was wir denken, was wir fühlen, was wir wollen, prägt die Atmosphäre unseres Heims. Auch die Emotionen und Vorstellungen anderer Menschen, von Besuchern oder Vorbesitzern unserer Wohnräume, können eine Rolle spielen.

Die Atmosphäre in unserem Heim ist wie eine Kopiermaschine, die starke Gefühle und Vorstellungen der menschlichen Bewohner speichert. Mit den gespeicherten Energieformen wirkt sie aber auch auf die Bewohner zurück.

Das so energetisch aufgeladene Haus wirkt mit den gespeicherten Energien jedoch auch auf uns zurück. Es ist natürlich wünschenswert, wenn in dem Haus oder in der Wohnung schöne und erfreuliche Dinge gefühlt und gedacht wurden. Manchmal enthält die Atmosphäre einer Wohnung aber auch Energiereste aus Zeiten, in denen es uns oder anderen schlecht ging und wir z. B. bitter gestimmt und ohne Hoffnung waren. Von diesen negativen energetischen Schwingungen sollten wir unser Zuhause reinigen.

Die hier aufgeführten Rituale sind nur für die Reinigung Ihrer eigenen vier Wände gedacht. Verwenden Sie sie nicht für die Wohnungen anderer.

Die Magie des Rituals

Magische Reinigungsrituale können nur wirken, weil es diese Wechselwirkung zwischen Bewohnern und Raumenergie gibt. In einem magischen Reinigungsritual tun Sie bewusst etwas, was Sie unbewusst sowieso ständig tun: die Energie Ihres Heims durch Wünsche und Gedanken gestalten. Die Energie Ihrer Wohnung wird in Ihrer Vorstellung während des Rituals erst sauber und frisch und dann mit dem aufgeladen, was Sie sich vorstellen und wünschen. Die Kraft der Vorstellung ändert dabei die energetische Qualität. Eine Handlung aber, bei der die Wirklichkeit durch die Kraft der Vorstellung und des Wunsches verändert wird, ist eine magische Handlung.

Wenn Ihnen bei dem Wort »magisch« etwas unheimlich ist, sollten Sie sich bewusst machen, dass Sie ein positives Ziel haben: Sie wollen die Wirklichkeit Ihres eigenen Heims verändern, damit es Ihnen und anderen Menschen Kraft und Freude schenkt. Kein fremder Mensch wird durch das Ritual in seinem Lebensraum beeinflusst.

Zusammenfassend kann man sagen, dass ein Ritual dazu dient, ein Ereignis, das durch die Kraft der eigenen Vorstellung, d. h. Kraft der eigenen Gedanken in der feinstofflichen unsichtbaren Welt geschehen soll, in der materiellen Welt zu manifestieren und sichtbar zu machen. Es ist sozusagen das Modell dessen, was sich auf einer höheren Ebene abspielt. Auf der sichtbaren Ebene geschieht das, was sich gleichzeitig auf der unsichtbaren vollzieht.

Bei einem magischen Reinigungsritual wird die Energie der Wohnung mit Hilfe von Gedanken nach den individuellen Wünschen gestaltet.

Wann ist eine Klärung notwendig?

Klärung ist notwendig, wenn die Atmosphäre eines Hauses durch Energiemüll verschmutzt ist. So wie normaler Schmutz sammelt sich auch Energiemüll laufend an. Einmal im Jahr sollten Sie Ihr Heim deshalb energetisch klären, d.h. reinigen und positiv aufladen. Nach einschneidenden emotionalen Vorfällen, die massive negative Schwingungen verbreiten, ist eine zusätzliche Klärung notwendig. Sie ist aber auch dann ratsam, wenn Sie einfach nur frische Energie benötigen, um etwas Neues zu beginnen. Auch bei dem Neubezug eines Hauses oder einer Wohnung kann eine gründliche energetische Reinigung bzw. Aufladung sehr sinnvoll sein. Verschiedene Beispiele zu den genannten Punkten finden Sie im vorletzten Kapitel ab Seite 83. Damit die Vorstellung von Ihrem Heim als einem Lebewesen, das auch Sie durch Gefühle und Gedanken mitgeschaffen haben und das Sie wiederum beeinflusst, für Sie erfahrbar wird, sollten Sie einmal durch Ihr Heim gehen und einfach probieren, sein Wesen zu erfühlen. Versuchen Sie dabei wahrzunehmen, wie es auf Sie wirkt, und überlegen Sie, wie Sie es mitgeprägt haben könnten.

Eine Raumklärung sollten Sie regelmäßig einmal jährlich durchführen, am besten im Frühjahr als eine Art energetisches Großreinemachen.

Ihr Heim – ein belebtes Wesen

Viele Redewendungen erinnern daran, dass Häuser Lebewesen sind und sich mit bestimmten Energien verbinden. Von historischen Gebäuden sagt man, ihre Wände atmeten Geschichte. Die Atmosphäre in einem Zimmer kann unheilschwanger sein, aber auch das Glück ist in manchen Mauern zu Hause.

Wenn Sie aufmerksam durch Ihr Heim gehen, werden Sie bald erkennen, dass es tatsächlich mehr ist als nur ein paar Wände mit Einrichtungsgegenständen darin. Es ist von Ihren Gedanken und Gefühlen durchdrungen, zeigt Ihren Geschmack, Ihre Vorliebe für bestimmte Farben, Textilien und Hölzer. Es beherbergt Ihre Bücher und Briefe, Bilder und Ziergegenstände, Ihre Kleider, Geschirr, Vorräte und einige »persönliche Ecken«. Es erinnert Sie an vergangene Ereignisse, an Besuche, Krankheiten, Liebe oder Trauer. Die Atmosphäre in Ihrer Wohnung wird geprägt durch die Materialien, mit denen Sie sich umgeben, das Essen, das Sie kochen, die Duftstoffe, die Sie verwenden, und natürlich auch den »Menschengeruch«, den Sie ausströmen. Ihr Heim hat durch all das eine spezifische Atmosphäre angenommen, die Sie selbst wahrscheinlich überhaupt nicht mehr wahrnehmen, sehr wohl aber andere Menschen.

Ein nicht mehr bewohntes Haus, um das sich niemand mehr kümmert, stirbt nach einer Weile wie ein Lebewesen und zerfällt zur Ruine.

Die Individualität Ihres Heims

Gehen Sie einmal mit offenen und auch geschlossenen Augen durch Ihre Wohnung. Nehmen Sie dabei das »Lebewesen« Heim wahr: seine kühlen Wände, die raue Tapete oder den Putz, das Holz der Möbel, die Textur der Stoffe, die Glätte der Fensterscheiben. Wo sind warme Luftströmungen, wo sind kalte? Wenn Sie barfuß gehen, fühlen Sie den Flausch des Teppichs, die Fliesen oder das Parkett.

Ihr Heim hat auch einen spezifischen Klang, der aus der Resonanz der Wände, Böden und Treppen resultiert, aus dem Klappern der Läden oder Schindeln, wenn der Wind darüber fegt, aus dem Summen der Heizung, dem Rauschen der Blätter vor dem Fenster, aus dem Knistern des Holzes, dem Tropfen des Wasserhahns. Hören Sie Ihrer Behausung einmal sehr aufmerksam zu. Würde eine seiner prägenden Komponenten fehlen, wäre es nicht mehr Ihr Heim.

Eine Wohnung oder ein Haus ist ein ungemein komplexes Wesen, ein feingesponnenes Netzwerk aus Licht und Farben, Gerüchen und Geräuschen. Seine Atmosphäre wurde von Ihren Gefühlen und Gedanken erschaffen. Es ist ein lebendiges Wesen, das noch eine andere Zuwendung braucht außer Staubsaugen und Fensterputzen.

Aufspüren der Raumenergie

Versuchen Sie, die Energie Ihres Heims sehr genau wahrzunehmen. Gehen Sie gelassen, aber bewusst durch alle Zimmer. Eine wichtige Voraussetzung für die Wahrnehmung feinstofflicher Energien ist eine entspannte, aber gleichzeitig wache und sensible Haltung. Übungen dazu finden Sie in dem Kapitel »Vorbereitende Techniken« ab Seite 18. Nachdem Sie diese Übungen durchgeführt haben, werden Sie Energieunterschiede wahrscheinlich besser wahrnehmen. Gehen Sie langsam, zuerst mit offenen, bei einem zweiten Gang mit geschlossenen Augen. Tasten Sie sich vor: Gibt es Bereiche, wo Ihnen die Atmosphäre trübe vorkommt, wo Sie sich matt fühlen, nicht frei atmen können? In solchen Ecken nistet stagnierende Energie, die nicht mehr recht fließen will.

An anderen Stellen hingegen werden die Farben frischer wirken und die Töne klarer. Sie werden sich leicht und beschwingt fühlen, haben oft neue Einfälle, und jede Arbeit fällt Ihnen leicht. Prüfen Sie dann, was die unterschiedlichen Stimmungen mit Ihnen selbst zu tun haben, welche Ihrer Gefühle und Gedanken die Atmosphäre in den Zimmern Ihres Heims geschaffen haben könnten. Erinnern Sie sich auch daran, was sich schon alles in diesen Räumen ereignet hat.

Je nach »energetischer Beschaffenheit« wirken bestimmte Wohnungsbereiche klar und belebend, andere dagegen eher dumpf und matt.

13

Störung durch elektromagnetische Felder

Überlegen Sie, ob sich in den Zimmern Ihrer Wohnung eine Unausgeglichenheit zeigt, die Sie auch von sich selbst kennen.

Oder ist z. B. ständig irgendetwas an der Elektrik defekt, verschleißen sich die Glühbirnen schneller als Teelichter, springt bei jedem Gewitter die Hauptsicherung heraus, haben Elektrogeräte laufend irgendwelche Schwächen? Dann kann das zwar an einer falsch ausgelegten Elektroinstallation liegen, es kann aber auch sein, dass Sie oder ein anderer Bewohner des Hauses durch seine übermäßige oder unterdrückte emotionale Energie diesen Missstand auslöst oder unterstützt.

Elektrosmog kann das Wohlbefinden sensibler Menschen beeinflussen. Versuchen Sie, wenn nötig, durch professionellen Rat Abhilfe zu schaffen.

Sollten Sie sich schwer tun, die Energieunterschiede richtig zu erspüren, schalten Sie doch einmal im wahrsten Sinne des Wortes ab, indem Sie für kurze Zeit alle elektrischen Geräte ausschalten oder die Sicherungen herausschrauben.

Nichts gegen unsere modernen elektrischen Geräte: Wir brauchen diese hilfreichen Dinge in vielen Bereichen. Aber versuchen Sie doch einmal, den Unterschied wahrzunehmen, wenn Sie alle elektrisch betriebenen Geräte so weit als möglich ausstellen. Erfahren und genießen Sie diesen Unterschied. Lauschen Sie den natürlichen Schwingungen Ihres Hauses. Stärkere elektrische Spannungsfelder können uns belasten und sogar krank machen. In diesem Fall muss ein Fachmann zurate gezogen werden, der für eine professionelle Entstörung sorgen wird. Wichtiger aber noch, als hintergründig wirksame elektrische Spannungen zu beseitigen, ist, sein Zuhause mit einer positiven und lebendigen Energie zu füllen.

Menschliche Energieformen

Um Platz für frische Energie zu schaffen, müssen jedoch erst einmal unerwünschte Energiereste beseitigt werden, die durch menschliche Gefühle und Vorstellungen entstehen können.

Negative Gefühle und Vorstellungen

»Nobody is perfect«, wie man so schön sagt. Jeder hat mal gute und mal weniger gute Stimmungen und Gedanken. Sie wechseln wie Tag und Nacht. Auf Regen folgt Sonnenschein, mal geht's runter, mal wieder rauf. Jeder kennt das.

Manchmal können schwierige Phasen jedoch so lange dauern, dass ein Mensch nicht mehr zu Kräften kommt und negativen Gefühlen verhaftet bleibt. Bisweilen sind Menschen aber auch nur zu schwach oder zu träge, um sich von negativen Zuständen zu befreien. Die Beständigkeit dunkler Gedanken und bitterer Gefühle in diesen Phasen führt zu energetischen Ablagerungen in Ihrem Zuhause.

Das Eigenleben von Gedankenformen

Vor allem lang gehegte heftige Gefühle neigen dazu, ein Eigenleben zu entwickeln, sich immer mehr zu verdichten und so als Energieformen in der Wohnung hängen zu bleiben. Zuerst von Menschen geschaffen, beginnen sie dann ihrerseits damit, Menschen, die in dieser Wohnung leben, zu beeinflussen.

Ein besonders unangenehmes Beispiel dafür ist jede Form von Angst. Ob sie begründet oder unbegründet ist, spielt dabei keine Rolle. Aber wenn jemand ständig Angst davor hat, seinen Partner zu verlieren, wird seine panische Eifersucht irgendwann eine Form annehmen und unsichtbar, aber stark fühlbar im Raum stehen. Alles und jedes, was aus dieser Angst heraus gesagt oder getan wird, nutzt diese Gedankenform »Eifersucht«, um Energie für sich daraus zu ziehen. Auf diese Weise ist dann die Atmosphäre wahrhaft verpestet. Ist eine Wohnung über lange Zeit hinweg mit dieser Eifersucht durchtränkt worden, werden häufig auch Nachbewohner sie noch immer spüren können.

Auch eine lange Krankheit, besonders wenn sie mit viel Angst, Hoffnungslosigkeit und Schmerz verbunden war, hinterlässt stagnierende Gedankenformen. Streit, Hass, Frustration, Gier, Geiz und Habsucht – was Ihnen auch immer Negatives einfällt –, kann sich in dieser Art und Weise einnisten.

Mit starken Gefühlen aufgeladene Gedanken nehmen auf der feinstofflichen Schwingungsebene Gestalt an und können in die materielle Welt hineinwirken.

15

Wie gesagt, müssen Gefühle und Gedanken aber schon längere Zeit intensiv auf Mauern einwirken, um sie wirklich zu imprägnieren. Es handelt sich also nicht um eine alltägliche Streitigkeit oder normale Erkältung. Um nachhaltig wirkende Gedankenformen zu erzeugen, braucht es mehr als nur einen zornigen Aussetzer!

Und vergessen Sie eines nicht – Liebe, Harmonie, Glück sind ebenfalls Gedankenformen, die sich in den Ecken eines Hauses festsetzen können. Wenn Sie solche Energien verspüren, seien Sie froh darüber, und versuchen Sie nicht, sie zu vertreiben.

Selbst verursachte Gedankenformen

Es gibt immer zwei Quellen, aus denen die Gedankenformen gespeist werden können: wir selbst oder andere Menschen. Sie sollten das vor jeder Reinigungsaktion bedenken und sich auch nicht in eine übertriebene Furcht vor belastenden Fremdenergien hineinsteigern. Und bitte benutzen Sie angebliche Fremdenergien nicht als eine schnelle Ausrede, wenn irgendetwas in Ihrem Leben nicht funktioniert. Zuerst sollte man immer sich selbst prüfen. Wie schon erwähnt, produzieren nicht nur die anderen Menschen, sondern auch wir selbst laufend Gedankenformen – manche bewusst, die meisten aber unbewusst.

Bevor wir die Schuld für ungute Empfindungen vorschnell anderen zuschieben, sollten wir zunächst uns selbst prüfen und unseren eigenen Zuständen und Gefühlen auf den Grund gehen.

Es ist nicht immer leicht zu erkennen, welchem Gefühlszustand man am stärksten verhaftet ist, welche Schwäche man sozusagen ausdünstet. Dennoch sollte es vor jedem Clearing Ihre erste und ernsthafteste Aufgabe sein, sich selbst ehrlich zu befragen, was der gestaute Energiezustand des Hauses mit Ihnen zu tun hat. Es nützt schließlich wenig, einen Raum von Eifersuchtsgefühlen zu reinigen, wenn Sie selbst der Träger und Auslöser dieser Gefühle sind und es Ihnen nicht gelingt, sie bei sich zu beobachten und aufzulösen. Aus diesem Grund werden vor dem Clearing Entspannungs- und Aufmerksamkeitsübungen durchgeführt, die Ihnen bei der Bewusstwerdung helfen. Erst anschließend kann die so genannte Klärungsabsicht festgelegt werden. Diese Absicht wird vor jedem Ritual formuliert. Sie besteht aus dem festen Wunsch nach etwas Positivem. Im Beispiel Eifersucht wäre das etwa, dass man selbst und in seiner Umgebung Liebe und Vertrauen empfindet.

16

Energiereste gegenwärtiger Mitbewohner

Es kommt natürlich auch vor, dass der Energiefluss von Gedankenformen blockiert wird, die von Ihren Mitbewohnern stammen. Bemerken Sie dies, sollten Sie erst versuchen, eine Klärung im Gespräch zu finden, und ihren Mitbewohnern helfen, wieder mit sich ins Reine zu kommen. Anschließend können Sie die Reste der belastenden Schwingungen beseitigen und die Räume mit neuer Energie und wohl überlegten positiven Absichten laden.

Frühere Bewohner

In den meisten Fällen ist eine verunreinigte oder negative Atmosphäre auf Sie selbst oder einen Ihrer Mitbewohner zurückzuführen. Viel seltener, auch wenn Ihnen die sensationslüsternen Medien in Fantasy- und pseudodokumentarischen Publikationen das Gegenteil einreden wollen, sind Gedankenformen, die Ihnen von Menschen hinterlassen werden, die vorher in Ihrem jetzigen Zuhause gewohnt haben. Die der Form zugrunde liegenden Gefühle müssen schon sehr heftiger Natur gewesen und wiederholt aufgetreten sein, um so lange wirksam zu bleiben. Aber ohne Zweifel kommt das vor, und man tut dann gut daran, ein Heim, in dem viele Jahre böser Streit geherrscht hat, von diesen Energieresten durch ein Ritual zu reinigen. Vergessen Sie aber nie, dass es auch positive und harmonische Energieerbschaften gibt, die man nicht unbedingt austreiben, sondern dankbar nutzen sollte.

Erdenergien, Energieflüsse im Raum

Unsere Erde wird von Kraftlinien durchzogen. An einigen Stellen ist diese Kraft negativ. Wird ein Haus auf einer solchen Stelle errichtet, kann das sensitiven Bewohnern Probleme bereiten. In diesem Fall hilft ein Rutengänger, der Ihnen zeigen kann, wo Sie am besten schlafen und arbeiten sollten, so dass Sie keine schädigenden Einflüsse mehr fürchten müssen.

Ganz selten einmal kommt es vor, dass ein Ort von der negativen Energie eines früheren Bewohners oder schlimmer Ereignisse so durchtränkt ist, dass er – wie der Volksmund sagt – verflucht ist.

Vorbereitende Techniken

Es gibt verschiedene Möglichkeiten, unsichtbare Energien aufzuspüren. Die Fähigkeit dazu steckt in uns allen, nur sind wir uns dessen oft nicht bewusst. Wir sind zu sehr daran gewöhnt, in unserem Tagesbewusstsein zu leben, das Unbewusste kommt dabei nicht zu Wort. Wache Reaktionen sind natürlich notwendig, um z. B. im Straßenverkehr zu überleben. Auch verlangen Beruf und Ausbildung eine Konzentration auf die anstehenden Arbeiten. Viele Stunden lang leben wir unter den Anforderungen einer komplexen, sich ständig weiterentwickelnden Umwelt. Wenn dann das Tagesbewusstsein sein Ruhebedürfnis anmeldet, schalten wir das Fernsehgerät ein und lassen uns betäuben.

Das Unbewusste ist nicht der Mülleimer des Bewusstseins, wie oft behauptet wird, sondern der Schlüssel zu uns selbst.

Das Unbewusste, das unter der Spitze des Eisbergs liegt, ignorieren wir. Es meldet sich aber dennoch, da es laufend nichtmaterielle Schwingungen aufnimmt und an das Bewusstsein weitermeldet. Hören wir nicht auf diese innere Stimme, kann sich das Unbewusste auch mit unangenehmen Signalen bemerkbar machen, etwa mit Reizbarkeit, Depressionen, Antriebslosigkeit, manchmal sogar mit ernsthaften Krankheiten. Es ist daher notwendig zu lernen, auf die innere Stimme zu hören.

Übungen für einen entspannten, aufnahmefähigen Zustand

Die wichtigste Voraussetzung, um die Energien um sich herum zu erkennen und Energiephänomene richtig zu deuten, ist ein entspannter und aufnahmebereiter Zustand. Er ist die Voraussetzung dafür, die innere Stimme vernehmen zu können.

Die nachfolgenden Atem- und Meditationsübungen sollen Ihnen dabei helfen, sich in diesen Zustand zu versetzen. Am besten nimmt man dabei die im Folgenden beschriebene Entspannungshaltung ein. Führen Sie die Übungen regelmäßig aus, und beginnen Sie möglichst bald damit. Sie werden sicherlich auch unabhängig vom Raumklären für Sie nützlich sein, da sie Ihnen helfen, sich in kurzen Pausen optimal zu erholen, sich von Stress zu befreien und neue Energien zu tanken. Wenn Sie bereits ähnliche Übungen kennen, können Sie diese natürlich beibehalten.

Entspannungshaltung für die Übungen

Als Erstes sollten Sie so sitzen, dass die Atmung frei in Ihrem Körper fließen kann. Wenn es Ihnen ohne Schmerzen und Verrenkung möglich ist, nehmen Sie im Schneidersitz auf dem Boden Platz. Achten Sie darauf, dass die Wirbelsäule gerade und das Becken leicht nach vorne gekippt ist. Die Hände liegen locker auf den Knien, die Handinnenflächen zeigen nach oben.

Wenn Ihnen das anatomisch nicht möglich ist oder am Arbeitsplatz zu spöttischen Bemerkungen führt, setzen Sie sich mit geradem Rücken auf einen möglichst harten Stuhl, wobei Sie die Rückenlehne nicht berühren sollten. Oberkörper und Oberschenkel bilden dabei einen rechten Winkel, die Füße stehen fest auf dem Boden und sind etwa schulterbreit auseinander. Die Hände liegen locker auf den Oberschenkeln. Bei beiden Haltungen bleibt der Kopf gerade, als Verlängerung der Wirbelsäule. Lassen Sie ihn also weder nach vorne auf die Brust sinken noch in den Nacken fallen.

Wählen Sie für diese Übungen einen Ort, an dem Sie nicht durch äußere Sinnesreize wie Telefongeklingel oder grelles Kunstlicht gestört werden.

Wenn sich Ihnen die Möglichkeit dazu bietet, können Sie sich auch flach auf den Rücken legen. Dabei liegen die Hände auf dem Bauch, so dass sich die Fingerspitzen berühren. Entspannen Sie Ihre Muskulatur, und achten Sie darauf, dass Sie kein Hohlkreuz machen. Bleiben Sie wach, und schlafen Sie nicht ein.

Wählen Sie auf jeden Fall eine Haltung, die Ihnen leicht fällt. Nichts ist der Entspannung abträglicher als das verbissene Ignorieren schmerzender Gelenke. Es ist im Übrigen auch nicht notwendig, starr und unbeweglich die einmal gewählte Haltung beizubehalten. Niesen Sie, wenn die Nase kribbelt, kratzen Sie sich, wenn ein Mückenstich juckt, oder strecken Sie sich, wenn Ihnen danach ist.

Atemübung

Sobald Sie die Entspannungshaltung eingeübt haben, können Sie die folgende Atemtechnik ausprobieren. Sie dient der inneren Harmonisierung und lädt Sie mit frischer Energie auf. Diese Energie brauchen Sie, wenn Sie einen Raum mit Energie aufladen wollen.

Diese Art zu atmen können Sie auch immer dann anwenden, wenn Sie unter Stress stehen. Sie wirkt ungemein beruhigend und bringt Sie auf den Boden zurück.

Schließen Sie die Augen. Atmen Sie tief und bewusst durch die Nase ein, und lassen Sie den Atem in den Bauch fließen. Bei dieser Form der Atmung hebt und senkt sich nicht der Brustkorb, sondern die Bauchdecke. Sie wölbt sich beim Einatmen und wird beim Ausatmen wieder flach. Besonders schön können Sie diesen Rhythmus in der Rückenlage erleben, wenn die sich berührenden Finger auf dem Bauch beim Einatmen auseinander gehen und beim Ausatmen wieder zusammenkommen. Atmen Sie so langsam, wie Sie können, und denken Sie dabei nichts anderes als »Eiiiin« und »Auuuus«.

Atem ist Lebenskraft. In den östlichen Weisheitslehren und den dazugehörigen medizinischen Systemen wird ganz bewusst mit dem Atem gearbeitet. In Indien wird diese Lebenskraft »Prana« genannt, in China »Chi«, in Japan »Ki«. Machen Sie sich diese Energie spendende Kraft bewusst, während Sie ruhig und tief atmen. Stellen Sie sich diese Energie als einen leuchtenden Stromkreis vor, der durch Ihren Körper fließt und Sie mit Freude und Leben erfüllt.

Die kleine Zirkulation

Die folgende Übung kann Ihnen dabei helfen, sich die Zirkulation der Atemenergie vorzustellen. Diese Übung stammt aus dem Tai Chi Chuan und wird die »kleine Zirkulation« genannt. Sie transportieren dabei das Chi mit der Einatmung von der Nase hinunter bis zum Körperschwerpunkt, der sich etwa drei Finger breit unter dem Nabel befindet. Mit dem ersten Ausatmen lassen Sie die Energie dann weiter bis zum Steißbein fließen. Beim zweiten Einatmen steigt sie die Wirbelsäule empor, und mit dem Ausatmen fließt sie über den Schädel und die Stirn wieder zur Nase hinaus. Zwei Atemzüge ergeben auf diese Weise einen vollständigen Kreislauf.

Vor einem Reinigungsritual ist es wichtig, dass Sie sich entspannen und den Alltagsstress hinter sich lassen. Nur so können Sie neue Energien tanken und lernen, Ihre innere Stimme zu hören.

Wiederholen Sie die Zirkulationsübung drei- bis viermal, und stellen Sie sich vor, wie bei jedem Ausatmen ein wenig abgestandene Energie aus Ihnen hinausströmt und bei jedem Einatmen frische Lebenskraft reinigend in Sie hineinfließt.

Meditation

Meditation fördert die Fähigkeit, sich von den Tagesgedanken frei zu machen, so dass wir die Chance haben, die Stimme des Unbewussten zu vernehmen. Dabei ist es besonders am Anfang wichtig, zum Meditieren einen Ort aufzusuchen, wo Sie eine halbe oder ganze Stunde lang ungestört sein können. Nach einer Weile wird Ihnen diese Übung auch bei Unruhe und Hektik gelingen.

Nehmen Sie zum Meditieren wieder die oben beschriebene Haltung ein. Schließen Sie Ihre Augen, und denken Sie an nichts Besonderes. Ohne Meditationspraxis wird es Ihnen möglicherweise schwer fallen, sich nicht von den ständig plappernden Gedanken ablenken zu lassen.

Tricks, um die Gedanken auszuschalten: Es gibt einige Tricks, die dabei helfen können, innerlich still zu werden und die schweifenden Gedanken auszuschalten.

Meditation vermittelt ein Gefühl tiefer innerer Ruhe und des Friedens. Sie wird nicht nur im religiösen Kontext eingesetzt, sondern auch zur Entspannung und Heilung.

21

- Konzentrieren Sie sich auf Ihren Atem, auf das Ein- und Ausatmen.
- Konzentrieren Sie sich mit offenen Augen auf eine Kerzenflamme.
- Erinnern Sie sich an einen Ort, an dem Sie einmal große Ruhe empfunden haben.
- Sprechen Sie ein Gebet oder ein Mantra, und wiederholen Sie es so lange, bis Ruhe in Ihrem Gedankenfluss einkehrt. Ein Mantra ist ein heiliges indisches Wort, dessen Denken oder Aussprechen Ruhe und inneren Frieden fördert.

Probieren Sie verschiedene Techniken aus, bis Sie diejenige gefunden haben, die Ihnen am meisten zusagt. Wenn sich die Gedankenmühle beruhigt hat, können Sie Gedanken und Eindrücke aufsteigen lassen, ohne sie zu beachten. Lassen Sie sie einfach vorbeifließen, halten Sie nichts davon fest. Irgendwann wird Ruhe eintreten, und Sie werden empfänglich für Ihre innere Stimme.

Bei regelmäßiger Übung werden Sie immer besser lernen, wie Sie Ihre ständig plappernden Gedanken am besten beruhigen können. Versuchen Sie nicht, etwas zu erzwingen.

Die innere Stimme hören: In einem wachen und gleichzeitig entspannten Zustand sind Sie empfänglich dafür, was Ihnen Ihre innere Stimme über blockierte Energieflüsse, störende Gedankenformen und die Aura der Wesen und Dinge in Ihrer Umgebung zu sagen hat. Die innere Stimme kann sich dabei über Bilder, Gefühle oder auf anderem Wege mitteilen.

Dieser entspannte Zustand, in dem Sie Zugang zu Ihrem Unbewussten haben, ist auch die Grundlage für eine weitere Technik, die Sie beim Ausführen des Reinigungsrituals anwenden werden: das Visualisieren.

Visualisierungen

Visualisieren oder Imaginieren ist die Kunst, sich Orte oder Dinge, Personen oder ganze Szenen in Gedanken bildlich vorstellen zu können. Die Voraussetzungen dafür haben Sie gerade kennen gelernt: Entspannung und die entsprechende Atemtechnik.

Bei der Raumreinigung werden Visualisierungen wiederholt eingesetzt: Wenn Sie sich beispielsweise vor dem Clearing reinigen, stellen Sie sich vor, Sie wären in weißes strahlendes Licht gehüllt (siehe Seite 31). Bei der Bitte um Hilfe durch ein bestimmtes Element visualisieren Sie es so deutlich wie möglich. Beim Reinigen stellen Sie sich dann vor, wie dieses Element den Schmutz aufsaugt oder zersetzt. Beim Aufladen mit frischer Energie imaginieren Sie, wie die frische Energie den Raum anfüllt (siehe Seite 34ff.). Das alles sind Beispiele für Visualisierungen.

Sie müssen diese Technik wirklich gut beherrschen, um Raumklärungen durchführen zu können. Beginnen Sie daher wie bei den Entspannungsübungen bald mit dem Üben. Einige Menschen sind Naturtalente, andere dagegen brauchen etwas mehr Zeit. Aber seien Sie versichert: Jeder kann es lernen.

Visualisieren heißt nicht nur, Bilder vor dem inneren Auge zu sehen, sondern auch, alle anderen Sinneseindrücke dazu wahrzunehmen.

Eine Übung für den Anfang

Stellen Sie sich mit geschlossenen Augen ein kleines Feuer vor, das munter im Kamin flackert. Versuchen Sie, möglichst plastisch zu sehen, wie sich die gelben und roten Flammenzungen gegen den schwarzen Hintergrund abheben. Lassen Sie die Farben auf sich wirken.

Gelingt Ihnen die Visualisierung nicht, suchen Sie sich ein gelbes, orangefarbenes oder rotes Papier und betrachten es eine Weile entspannt. Dann schließen Sie die Augen und versuchen noch einmal, das Feuer vor Ihrem inneren Auge entstehen zu lassen.

Beherrschen Sie dies, gehen Sie einen Schritt weiter: Spüren Sie die Wärme, die das Feuer abstrahlt. Hören Sie, wie es knistert und knackt und kleine zischende Funken verglühen. Riechen Sie den Holzgeruch und den Rauch. Nehmen Sie das Feuer mit allen Sinnen wahr.

Üben Sie diese Visualisierung, bis sie Ihnen mühelos gelingt. Dann versuchen Sie, auch andere Dinge oder Situationen zu imaginieren, um Ihre Visualisierungsfähigkeit zu trainieren: beispielsweise einen Wasserfall, eine sonnenbeschienene Waldwiese oder eine Situation, in der Sie besonders klar und im Frieden mit sich waren.

Wenn Sie das Gefühl haben, die Entspannungstechniken zu beherrschen, fahren Sie damit fort, die Energie in Ihrem Heim zu erforschen (siehe Seite 13). Beginnen Sie auch damit, sich auf anderen, ähnlich gearteten Gebieten im Erspüren von Energieverhältnissen zu üben: bei der menschlichen Aura und Orten der Kraft.

Die Aura umgibt alle Lebewesen wie ein schützender Pelz. Sie bedarf allerdings der regelmäßigen Pflege und Reinigung.

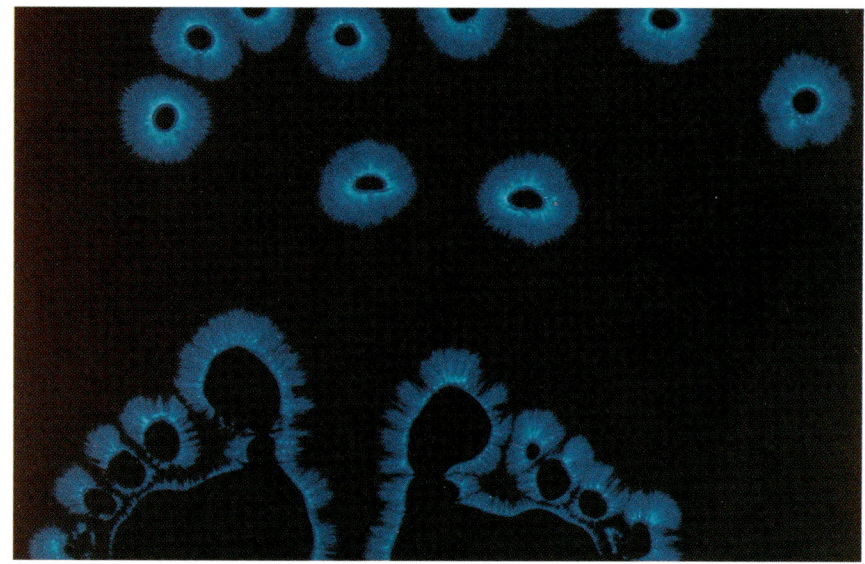

Die menschliche Aura wahrnehmen

Die Aura ist eine für die meisten Menschen unsichtbare Energiehülle, die den sichtbaren physischen Körper umgibt. Dazu veranlagte Menschen können die Aura sehen. Sie beschreiben sie als aus unterschiedlichen Schichten bestehend, durchzogen von Energiekanälen, die sich an bestimmten Punkten, den so genannten Chakras, verdichten. Die Aura eines gesunden Menschen ist eine farbige, strahlende Hülle, wobei die Farben durch den vorherrschenden Gemütszustand eines Menschen geprägt sind. Ist jemand blockiert oder stark belastet, ist die Aura schwach und matt. Sie bedarf einer Reinigung, damit man sich wieder voller Energie und Leben fühlt.

Es wird angenommen, dass der Heiligenschein, der auf vielen religiösen Bildern zu sehen ist, der Aura entspricht.

Die Energie der Aura haben Sie ganz bestimmt auch einmal wahrgenommen. Vielleicht erinnern Sie sich daran, wie sich plötzlich die Atmosphäre eines Raumes veränderte, nachdem ihn ein bestimmter Mensch betreten hatte. Seine Aura veränderte die Raumschwingung. Diese Veränderung ist auch unabhängig davon spürbar, ob man tatsächlich sieht, wie dieser Mensch den Raum betritt.

Die Aura kann man sehen oder auch nur spüren. Die Begründerin der Aura-Soma-Therapie Vicky Wall z.B. konnte die Beschaffenheit einer Aura wahrnehmen, obwohl sie blind war.

Die eigene Aura

Versuchen Sie, Ihre eigene Aura zu sehen. Verdunkeln Sie dazu ein Zimmer so gründlich, dass wirklich kein Restlicht mehr vorhanden ist. Dann nehmen Sie die Entspannungshaltung ein, atmen tief und ruhig und blicken auf Ihren Körper. Vielleicht gelingt es Ihnen, die Aura zu erkennen. Wenn nicht, versuchen Sie es mit geschlossenen Augen.

Probieren Sie mit geschlossenen Lidern oder verbundenen Augen, den blass leuchtenden Strahlenkranz um Ihren Körper zu erkennen. Bewegen Sie Arme oder Beine, um zu »sehen«, wie sich die Aura mitbewegt.

Hin und wieder stößt man in der Literatur auf Hinweise, dass man die leuchtende Aura unseres Körpers durch das periphere Sehen (den nicht fokussierten Blick) erkennen kann. Was hier aber geschieht, ist, dass auf der Netzhaut ein Nachbild des Gesehenen zurückbleibt. Mit wirklichem Aurasehen hat das nichts zu tun – jeder Gegenstand hätte auf diese Weise eine Aura. Wohl aber kann Ihnen diese Technik einen Eindruck vermitteln, wie die Aura aussehen könnte.

Wenn es auch nach mehrfachen Versuchen nicht klappen will, das blasse Leuchten der Aura zu sehen, so können Sie sie auf jeden Fall auf eine andere Art wahrnehmen. Wagen Sie dazu einen Eigenversuch. Versuchen Sie, Ihre Aura zu spüren. Reiben Sie dazu die Hände fest aneinander, dann senken Sie eine Hand mit der Handinnenfläche nach unten ganz langsam über einem Bein oder Arm ab. Irgendwann, in einer Höhe von etwa 10 bis 15 Zentimetern, werden Sie so etwas wie einen winzigen Widerstand, eine Art Hauch oder Kribbeln in den Fingern spüren.

Die Aura anderer

Finden Sie einen willigen Partner, der bei Ihren Experimenten mitmacht. Die meisten Menschen sind neugierig, solche »übersinnlichen« Übungen auszuprobieren und zu prüfen, wie groß ihre diesbezüglichen Fähigkeiten sind. Gehen Sie mit Ihrem Partner in einen völlig abgedunkelten

Möchten Sie sich intensiver mit dem Aurasehen beschäftigen, können Sie aus einer umfassenden Literatur zu diesem Thema auswählen. Auch spezielle Seminare dazu werden angeboten.

Raum, und versuchen Sie, ebenso wie Sie es bei sich selbst gemacht haben, seine Aura zu erkennen. Vielleicht gelingt es Ihnen sogar, verschiedene Farben zu sehen – das muss jedoch nicht sein.

Wenn Sie Erfahrung mit dem Pendeln haben, können Sie auch einmal versuchen, die Aura auszupendeln.

Wenn sich niemand findet, der sich Ihnen zur Betrachtung seiner Aura zur Verfügung stellt, bitten Sie Ihr Haustier um Mithilfe. Zumindest schlafend sind Hunde, Katzen oder andere kleine Kameraden in dieser Hinsicht sehr kooperativ. Auf diese Weise habe ich entdeckt, dass meine Katze eine schöne goldgelbe Aura hat, was nach der gängigen Lehrmeinung hoch entwickelte Spiritualität bedeutet. Aber das ist ja bei Katzen bekanntlich nichts Ungewöhnliches.

Für das folgende Experiment benötigen Sie jedoch einen menschlichen Partner. Stellen Sie sich neben ihn, und berühren Sie mit Daumen und Zeigefinger leicht sein Ohrläppchen. Anschließend drehen Sie sich mit geschlossenen Augen ein paarmal um sich selbst und fassen dann, noch immer mit geschlossenen Augen, wieder an sein Ohrläppchen. Es gibt keine wissenschaftliche Erklärung dafür, warum es auf diese Weise meistens gelingt, die Aura des Partners zu erspüren.

Sollten Sie trotz aller Bemühungen kein Talent zum Aurasehen oder Auraspüren haben, ist das kein Grund zur Beunruhigung. Es handelt sich dabei einfach nur um ein gutes Übungsfeld, ein Gefühl für feinstoffliche Energien zu entwickeln. Für die energetische Reinigung müssen Sie nur wissen, dass es eine Aura gibt, und sollten sensibel für ihre Ausdehnung und Beschaffenheit sein.

Energie von Orten der Kraft erspüren

Eine weitere gute Möglichkeit, sich mit Energieverhältnissen vertraut zu machen, ist ein Besuch positiv geladener Plätze. Das sind zum einen Orte, an denen die Luft stark ionisiert ist, was zum Wohlbefinden beiträgt. Zum anderen sind es Stätten, an denen sich die Kraftlinien der Erde treffen. Plätze mit Energieverhältnissen dieser Art galten häufig als heilige Orte. Durch die von Gläubigen dort hinterlassenen Gefühle, Gebete und Gedanken wurden sie zusätzlich positiv »aufgeladen«.

Weitere Plätze mit guter Luft finden Sie an Meeresstränden, in Kiefernwäldern, an Wasserfällen und natürlich nach Gewittern.

Geister und Spuk

Nach den gängigen Theorien ist ein Gespenst ein Lebewesen, das einmal in dieser Welt gelebt hat. Nach dem Tod seines Körpers bleiben die Vorstellungen und Gefühle dieses Wesens auf der Erde zurück. Man nennt diese Erscheinung auch »erdgebundene Geister«. Es sind vermutlich Lebewesen, die entweder zu stark am irdischen Leben hingen oder plötzlich aus dem Leben geschieden sind und deswegen noch nicht erkennen konnten, dass sie bereits gestorben sind. Sie bewegen sich dann weiter in den Häusern und Wohnungen, in denen sie schon zu Lebzeiten gewohnt haben, und ahnen nicht, dass ihr Körper schon gestorben ist. Wenn Sie es so betrachten, werden diese Geister Ihnen vermutlich keine Angst mehr machen, sondern von Herzen Leid tun.

Wie erkennt man Geister? Verdorben durch die klassische Gruselliteratur, sieht man an dieser Stelle ein weißes, Ketten rasselndes Gespenst vor sich, das halb durchsichtig durch die Mauern gleitet und nach Belieben erscheint oder verschwindet. In Wirklichkeit nimmt man in einer Wohnung oder einem Haus bestimmte Bereiche wahr, die von einer unerklärlichen Kälte erfüllt sind, worauf man mit der sprichwörtlichen Gänsehaut reagiert. Sensitive Menschen sehen zuweilen auch den Geistkörper, also die Aura des Geistes, in Form eines blassen Leuchtens. Wichtig zu wissen ist, dass Ihnen ein Gespenst nichts antun kann. Sie müssen daher keine Angst haben. Es ist einfach nur sehr unangenehm, einen Bereich in seinem Heim zu haben, der sich kalt, stickig und irgendwie belastend anfühlt. Aber auch hier gibt es Hilfe durch klärende Rituale (siehe Seite 90f.). Ein weiteres Phänomen, das Häuser heimsucht, sind Poltergeister. Im Gegensatz zu den erdgebundenen Geistern sind diese Erscheinungen nicht an einen Ort, sondern an eine lebende Person gebunden. Es handelt sich auch nicht um wirkliche Geister, sondern um die Energiestöße von Menschen, die an starken, unterdrückten Gefühlen leiden. Diese können so heftig sein, dass die Bilder an den Wänden wackeln und Vasen zu Boden stürzen. In einem solchen Fall ist die therapeutische Behandlung des Menschen zu empfehlen, der diese Phänomene auslöst. Raumklärung kann hier nicht helfen.

Das Wahrnehmen von Gespenstern kann auf einer Wechselwirkung beruhen. Wer sich vor ihnen fürchtet, sieht sie auch. Er projiziert seine Angst nach außen.

27

Das Reinigungsritual

Bevor Sie damit beginnen, einen Raum zu reinigen, müssen einige wesentliche Schritte beachtet werden. Beispielsweise braucht man für ein Ritual ein Drehbuch, auf dessen Grundlage die Handlungen ausgeführt werden, so dass Ihre Absicht klar und zielgerichtet in die feinstoffliche Welt gelangt. Außerdem müssen Sie die erforderlichen Hilfsmittel auswählen und überlegen, mit welchen positiven Vorstellungen Sie den Raum aufladen wollen. Das folgende Vorgehen ist zu empfehlen.

Energetische Reinigungen sollten Sie regelmäßig einmal im Jahr durchführen, aber auch nach massiven negativen Vorfällen oder bei besonderen Anlässen.

Schritte zur Raumklärung
- Erspüren Sie die Energieverhältnisse im Raum (siehe Seite 13).
- Formulieren Sie klar Ihre Reinigungsabsicht und Ihren Wunsch.
- Legen Sie den Ablauf des Rituals fest.
- Bestimmen Sie die Hilfsmittel für die Reinigung und das Aufladen.
- Reinigen Sie sich selbst nach einer Ihnen angenehmen Methode.
- Räumen Sie den Raum auf, und putzen Sie ihn.
- Stellen Sie Anrufungen oder Gebete zusammen.
- Führen Sie das Reinigungsritual durch.

Die Reinigungsabsicht festlegen

Sie reinigen einen Raum nicht um des Reinigens willen, sondern damit er Platz bietet für Ihre Vorstellungen und Wünsche. Die Klärungsabsicht ist, den Raum damit zu imprägnieren. Die Absicht kann beispielsweise darin bestehen, Ihre Wohnung zu einer Oase der Ruhe und Besinnlichkeit zu machen, in der Ihre Familie und Sie auftanken können. Sie können auch jedes Zimmer einzeln aufladen: das Arbeitszimmer etwa mit inspirierender, die Kreativität anregender Energie; das Wohnzimmer mit einer Energie, die Geselligkeit und ein harmonisches Miteinander unterstützt; das Schlafzimmer mit einer Energie, die gesunden

Schlaf, vielleicht auch Liebesbereitschaft und Leidenschaft fördert. Bevor Sie mit dem Reinigungsritual beginnen, müssen Sie also immer Ihre Absicht festlegen, am besten einige Tage bevor Sie das Ritual tatsächlich durchführen. Nehmen Sie sich dafür viel Zeit, und machen Sie vorher die Entspannungsübungen. Seien Sie dabei ehrlich mit sich selbst, und bemühen Sie sich um Klarheit. Wünschen Sie wohl überlegt, nicht spontan. Definieren Sie Ihren Wunsch, und formulieren Sie ihn. Sehr wichtig dabei ist, eine positive Absicht zu formulieren, da Verneinungen dafür sorgen, dass sich die Wunscherfüllung ins Gegenteil verkehrt. Also sagen Sie nicht: »Es soll in diesem Zimmer kein Streit mehr herrschen«, sondern: »Es möge Harmonie in diesem Raum schwingen«. Sie können Ihren Wunsch zur Sicherheit auch auf einen Zettel schreiben.

Sie müssen zwar während der Reinigung und der anschließenden Aufladung nicht laufend an Ihre Absicht denken, aber in Ihrem Unbewussten muss sie fest verankert sein. Wählen Sie daher keinen zu ausführlichen Text für Ihren Wunsch, sondern einen prägnanten Satz, den Sie leicht wiederholen und sich einprägen können.

Sprechen Sie Ihre Reinigungsabsicht am besten mit Ihren Mitbewohnern ab. Wenn diese den Wunsch unterstützen, wird er umso leichter in Erfüllung gehen.

Auswahl der Hilfsmittel

Mehr oder weniger bewusst setzt jeder Mensch tagtäglich energetische Reinigungsmittel ein. Eines dieser Mittel ist das als Putzmittel so beliebte und oft genutzte Wasser. Es wird beim Raumklären allerdings nicht als solches eingesetzt, sondern um energetischen Schmutz aufzunehmen und gespeicherte positive Energien weiterzugeben.

Ein weiteres Beispiel für ein energetisches Reinigungsmittel ist Salz, das auch allgemein aufgrund seiner desinfizierenden Wirkung verwendet wird. Früher hat man daher sogar Salz auf Wunden gestreut.

Ein weiteres, wenn auch feinstofflicheres Reinigungsmittel ist Feuer, das besonders in seiner Eigenschaft als Läuterungsmedium bekannt ist. Noch stärker über den feinstofflichen Schwingungsbereich wirken Düfte, Töne, Bach-Blütenessenzen, Farben und Kristalle. Man kann sie besonders zum Aufladen eines zuvor gereinigten Raumes nutzen.

Zusätzliche Gerätschaften für einige der Rituale sind feuerfeste Schalen, Glasschüsseln, Sprühflaschen für Duftwasser, Räucherfässchen, Duftlampen oder Kerzen.

In den nachstehenden Kapiteln finden Sie eine detaillierte Beschreibung der Elemente, der Verfahren und Stoffe, die zum Reinigen und Aufladen eingesetzt werden können. Grundsätzlich gelten dabei die folgenden Regeln.

Je sorgfältiger Sie die Hilfsmittel für das Ritual auswählen, desto deutlicher werden Sie während des Rituals Ihre Reinigungsabsicht vor Augen haben.

Hilfsmittel für die Reinigung

Welches Mittel Sie zum Reinigen verwenden, ergibt sich aus der energetischen Situation der Wohnung, sozusagen aus dem Befund. Nach einem heftigen zersetzenden Streit ist beispielsweise eine Feuer-Salz-Reinigung hilfreich. Für eine Grundreinigung eignet sich Salzwasser. Einige Elemente wie Wasser lassen sich sowohl zum Reinigen als auch zum Aufladen verwenden. Wasser nimmt kraft seiner magnetischen Wirkung Verunreinigungen auf, kann aber aufgrund der gleichen Eigenschaft auch problemlos mit positiver Energie aufgeladen werden. Durch Zerstäuben von Wasser kann mit dieser positiven Energie dann eine Wohnung imprägniert werden. Mit Sonne aufgeladenes Wasser etwa können Sie dazu verwenden, Ihre Wohnung mit Helligkeit und Klarheit zu füllen.

Hilfsmittel zum Aufladen

Für das Aufladen oder Imprägnieren, das nach der Reinigung durchgeführt wird, gibt es eine Vielzahl möglicher Hilfsmittel. Sie können dafür beispielsweise Düfte, Farben, Bach-Blütenessenzen oder Räucherwerk wählen. Man verwendet am besten das Mittel, das die eigene Absicht, den eigenen Wunsch für das jeweilige Zimmer am besten verkörpert. Wenn Sie einen Raum z. B. mit Liebe füllen wollen, wählen Sie eine Kerze mit Rosenduft in rosenroter Farbe. Sollte Orangerot Ihrer eigenen Vorstellung von Liebe mehr entsprechen, ist diese Farbe die richtige Wahl. Sie können auch mit Rosenessenz angereichertes Wasser versprühen oder Räucherwerk einsetzen, dessen Duft für Sie Liebe bedeutet. Man sollte immer das Mittel wählen, das der eigenen Absicht möglichst genau entspricht.

Persönliche Reinigung

Es hat keinen Sinn, die Energien eines Raumes ins Gleichgewicht zu bringen, wenn man selbst nicht im Gleichgewicht ist. Ist man mit Stress und Ärger, Hektik und Kränkungen angefüllt, hinterlässt das Spuren in der Aura und ebenso in der Energie eines Raumes.

Eine einfache Methode, wie Sie sich selbst wieder ins Gleichgewicht bringen können, ist eine Aurareinigung unter der Dusche. Dabei duschen Sie wie gewöhnlich, stellen sich aber ganz intensiv vor, dass die Wassertropfen, die von oben auf Sie herunterprasseln, voller Licht sind und alle energetischen Unreinheiten in den Abfluss wegspülen.

Haben Sie keine Dusche zur Verfügung oder baden Sie lieber, dann nehmen Sie ein heißes Bad in Salzwasser. Ein Esslöffel Meersalz reicht schon für diesen Zweck. Salz ist, wie Sie bald erkennen werden, eines der mächtigsten Reinigungsmittel bei feinstofflichen Verschmutzungen. Es ist aber auch gut geeignet, Schlackenstoffe aus dem Körper zu ziehen.

Vor großen Ritualen empfiehlt sich eine innere Reinigung, die gleichzeitig zu einer körperlichen Entschlackung führt. Fasten Sie am Tag vorher, oder machen Sie einen Obsttag. Schlafen Sie auch gründlich aus.

Wenn es nach Ihrem Geschmack ist, empfiehlt sich auch ein Saunabesuch – allerdings vor dem Fasten, da es sonst zu Kreislaufproblemen kommen kann.

Vergessen Sie nicht, bei der Reinigung auch an sich selbst zu denken. Mit einem Teelöffel Salz in einem entspannenden Vollbad tun Sie Ihrer Aura etwas sehr Gutes.

Vorbereitung des Raumes

In dem Raum, den Sie reinigen wollen, sollten Sie alle künstlichen Energiequellen so weit wie möglich ausschalten. Umso klarer spüren Sie dann auch, wo Reinigungsbedarf ist.

Die nächste Vorbereitung ist das gründliche Putzen des zu klärenden Zimmers. Räumen Sie sorgfältig auf, wischen Sie Staub, saugen Sie Boden und Möbel, putzen Sie die Fenster, und lüften Sie kräftig.

Bei Reinigungen mit Wasser ist es wegen dessen elektrischer Leitfähigkeit ohnehin sinnvoll, elektrische Geräte auszuschalten. Bei Reinigungen mit Feuer sollten keine leicht entzündlichen Stoffe in der Nähe sein.

Auswahl der Anrufungen und Gebete

Reinigungen wurden immer schon im Zusammenhang mit Religion und Glauben praktiziert, wobei die göttlichen oder höheren Kräfte um Hilfe gebeten werden. Ihre Wirksamkeit ist nicht abhängig davon, ob Sie Christ, Buddhist oder schamanischen Glaubens sind. Seien Sie versichert: Bei einer Anrufung aus reinem Herzen erhalten Sie Hilfe, ob Sie nun Heilige oder Schutzgeister um Hilfe bitten. In diesem Buch werde ich mich auf die Kräfte der vier Elemente beschränken, die in fast allen magischen oder religiösen Systemen genutzt werden.

Der Ablauf des Rituals

Sowenig es nützt, in ein verschmutztes Glas frisches Wasser zu füllen, sowenig ist es sinnvoll, einen verunreinigten Raum mit frischer Energie zu füllen. Deshalb besteht ein Klärungsritual aus zwei Teilen: dem Reinigen und dem Aufladen oder Imprägnieren des gereinigten Raumes mit der für den Raum gewünschten Energie. Einen energetisch gut ausbalancierten Raum kann man jedoch ohne vorhergehende Reinigung aufladen.

Eine Klärung hat folgendes Grundmuster, das Sie entsprechend Ihren Raumproblemen und Wünschen auffüllen können.

Grundschritte der Raumklärung

Schritt 1: Reinigung

● Anrufung

Vor der Reinigung rufen Sie die Kräfte um Hilfe an, an die Sie glauben. Formulieren Sie die Anrufung in Ihren eigenen Worten und so, wie es sich für Sie richtig anfühlt. Das folgende Beispiel soll Ihnen eine Vorstellung davon geben, wie eine Anrufung aussehen kann.

»O Geist des Feuers. Ich bitte dich um Hilfe beim Reinigen dieses Raumes. Hilf mir, ihn zu klären.«

● Visualisierung

Nach Ihrer Anrufung führen Sie dann die Reinigungshandlung durch, bei der Sie gleichzeitig, unterstützt von den eingesetzten Mitteln, visualisieren, wie der Raum sich Ihrer Absicht entsprechend verändert. Stellen Sie sich beispielsweise vor, wie das Feuer alle Unsauberkeit verbrennt und der Raum dabei immer heller wird.

Schritt 2: Aufladen des gereinigten Raumes entsprechend der Absicht

● Formulieren der Absicht

Sprechen Sie die Absicht aus. Formulieren Sie dabei, was das von Ihnen eingesetzte Hilfsmittel im Raum bewirken soll, beispielsweise:

»Möge das Licht dieser Kerze den Raum mit Vertrauen und Zuversicht füllen. Möge das Rot dieser Kerze den Raum mit Vertrauen und Zuversicht füllen.«

● Visualisierung

Nun stellen Sie sich vor, wie sich der Raum mit der von Ihnen gewünschten Energiequalität füllt.

● Danksagung und/oder Gebet

Beenden Sie das Ritual mit einer Danksagung oder einem Gebet.

Damit Ihre Absicht klar und zielgerichtet in die feinstoffliche Welt gelangen kann und Sie Ihren Geist für die Visualisierungen und Anrufungen frei haben, braucht Ihr Ritual ein Drehbuch, das Sie vorher festlegen.

Die reinigende Kraft der vier Elemente

Die vier Elemente, die hier aufgeführt werden, haben nichts mit den chemischen Elementen zu tun, die die Naturwissenschaft kennt. Es handelt sich dabei um die in fast allen alten Kulturen bekannten Grundbausteine des Lebens – Feuer, Wasser, Erde und Luft. Die Weisen, Magier und Philosophen früherer Zeiten wussten, dass wir ohne sie nicht existieren würden.

In Findhorn, einer New-Age-Gemeinschaft in Schottland, sollen sich Elfen in die Nähe der Menschen gewagt haben, um bei der Pflege der Blumen zu helfen.

Die vier Elemente sind Urkräfte mit spezifischen Qualitäten, die bei rituellen Handlungen durch viele Jahrtausende hindurch immer wieder von den Menschen angerufen wurden.

Mit diesen Elementen sind Elementargeister verbunden, die ihnen dienen und in ihnen leben. Gnome, Trolle und Kobolde dienen der Erde, Nixen, Meerjungfrauen und Undinen dem Wasser, Sylphen sind die Geschöpfe der Luft und Salamander die des Feuers. Wenn Sie sich an die Märchen Ihrer Kindheit erinnern, dann werden Ihnen diese Wesen nicht ganz fremd sein. Sollten Sie einen echten Bezug zu Elementargeistern haben, können Sie sie bei der Reinigung und beim Aufladen um Hilfe bitten. Ansonsten rufen Sie einfach nur den Geist des jeweiligen Elementes an und die höheren spirituellen Wesenheiten, an die Sie glauben.

Feuer – verbrennen, ausleuchten, transformieren

Feuer ist reine Energie. Es bringt Licht in dunkle Ecken, wärmt kalte Räume, tanzt und flackert, lodert und sprüht Funken.

Das Feuer galt den Menschen als heilig, da es Festes in Feinstoffliches verwandelt. Es ist ein Übermittler von Botschaften aus der materiellen in die astrale Welt. Es verzehrt seine Nahrung und transformiert sie in Licht und Wärme. Feuer als Mittel der Transformation wird beispielsweise bei Begräbnisriten eingesetzt: Bei einer Feuerbestattung wird der irdische Körper durch die Flammen der anderen Welt übergeben.

In vielen religiösen Ritualen wird Feuer verwendet – als heilige Flamme oder in Form von Räucherwerk oder Kerzen. Heute noch werden in einigen Gegenden Feuerfeste gefeiert. Osterfeuer, Johannisfeuer, Mittsommerfeuer, Julfeuer sind Bestandteil alten Brauchtums.

Besonders früher wurde oft auch die reinigende Kraft des Feuers genutzt, wenn etwa das Vieh zwischen zwei Feuern hindurchgetrieben wurde, um es vor Krankheiten zu schützen.

Als Feuergeister, als personifiziertes Feuer, gelten die Salamander. Das sind Wesenheiten, die in den züngelnden Flammen leben und nichts mit den schwarzgelben Echsen zu tun haben, die Sie als Feuersalamander kennen. Betrachten Sie sie eher als Feuerelfen, die sich von der Kraft des Feuers ernähren.

Feuer steht für Willenskraft und Energie. Aufgrund seiner starken Energieentfaltung ist die Reinigung mit Feuer die gründlichste, aber auch gefährlichste Methode der Reinigung. Die Kraft des Feuers setzt man ein, wenn es um massive Energieverunreinigungen und um dunkle, kalte, leblose Gedankenformen geht. Bei schwächeren Unausgeglichenheiten

Eine bedrückende Vorstellung von der Läuterungskraft des Feuers ist das Fegefeuer bzw. das Höllenfeuer! Den Glauben daran sollten Sie besser aufgeben.

Feuer hat in Ritualen eine sehr lange Tradition. Es ist von den vier Elementen Luft, Wasser, Erde und Feuer dasjenige mit den kraftvollsten Reinigungseigenschaften.

35

sind die anderen Elemente besser geeignet. Feuer wandelt die vorhandene negative Energie entsprechend Ihrem Willen, Ihrer Reinigungsabsicht in die gewünschte Form um.

Wenn Sie mit Feuer arbeiten und dieses Element um Hilfe bitten, visualisieren Sie es bei der Anrufung. Nutzen Sie dafür die Übung im Abschnitt »Visualisierung« auf Seite 23.

Ein Brauch, den Sie sicher schon selbst praktiziert haben, ist das Ausblasen Ihrer Geburtstagskerzen, wobei, wie Sie ja wissen, Sie sich etwas wünschen dürfen.

Kerzenlicht

Für eine schöne Form der Feuerreinigung und des Aufladens können Sie Kerzen verwenden. Achten Sie dabei darauf, dass Sie die offene Flamme von allen brennbaren Materialien fern halten.

Kerzenlicht allein, ohne weitere Beleuchtung, schafft eine ganz besondere Atmosphäre. In Tempeln und Kirchen brennen unzählige Kerzen, bei festlichen Essen gehören Kerzenleuchter zur Tischdekoration. Auch die Geburtstagstorte wird garniert mit kleinen Kerzen. Können Sie sich überhaupt ein stimmungsvolles Fest ohne Kerzen vorstellen? Weihnachten ohne Kerzen wäre kein Weihnachten.

Kerzenritual

● **Material:** Legen Sie zwei Kerzen bereit. Form und Qualität der Kerze sollten Sie mit Bedacht auswählen. Denn es gilt ganz grundsätzlich: Je größer Ihr persönlicher Bezug zu den Hilfsmitteln ist, desto wirkungsvoller sind sie. Mit selbst gezogenen Kerzen sind Sie natürlich besonders stark verbunden. Aber man kann auch handgefertigte Kerzen kaufen, wenn möglich aus Bienenwachs. Aber selbst einer Industriekerze können Sie mit etwas eigenem Schmuck, mit Blumen, Bändern oder farbigem Wachs Ihr Signum geben.

Verwenden Sie für die Reinigungskerze eine Farbe, die für Sie Sauberkeit bedeutet. Meistens wird das Weiß sein. Für das Aufladen nach dem Reinigen benutzen Sie eine Kerze in der Farbe, die Ihrer Absicht entspricht und diese verstärkt. Sie finden im Abschnitt »Farben« ab Seite 60 einen Überblick darüber, welche Qualitäten gemeinhin mit bestimmten Farben verbunden werden.

● **Anrufen:** Konzentrieren Sie sich auf die Reinigung. Rufen Sie beim Anzünden der weißen Kerze die Kraft des Feuers an, und weihen Sie sie mit Ihren eigenen Worten oder den folgenden:

»Ich weihe diese Kerze der Reinigung und dem Schutz des Raumes. Möge ihr Licht die Dunkelheit vertreiben.«

● **Reinigen:** Gehen Sie mit der brennenden Kerze durch alle Räume, leuchten Sie die Ecken und Winkel aus, und stellen Sie sich dabei vor, wie das Licht die Dunkelheit verschlingt und der Raum sauber und hell wird. Da es sich hier um einen magischen Akt handelt, wird die Kerze nicht wie gewöhnlich ausgeblasen, sondern der Docht in das Wachs getaucht.

● **Absicht des Aufladens aussprechen:** Konzentrieren Sie sich auf das Ziel Ihrer Reinigung. Entzünden Sie die bereitgelegte farbige Kerze, und sprechen Sie dabei die Intention der Raumklärung laut oder in Gedanken aus:

»Möge das Licht der Kerze ... (was gewünscht wird) in dem Raum verteilen.«

● **Aufladen:** Gehen Sie mit der Kerze von Raum zu Raum, und füllen Sie jeden mit Ihrer Absicht. Blicken Sie in die Flamme. Geben Sie der Flamme Ihren Wunsch mit, und stellen Sie sich vor, wie dieser sich durch das Licht im ganzen Raum verbreitet. Dann entspannen Sie sich und löschen die Kerze aus, indem Sie den Docht in das Wachs drücken.

● **Danksagung:** Sprechen Sie ein Dankgebet, oder sagen Sie einige Worte des Dankes für die Hilfe bei der Klärung.

Wie auch immer Sie ein Ritual im Einzelnen gestalten, denken Sie daran, dass Ihre geistige Haltung und Ihre Absicht entscheidend sind.

Alternativ zu diesem ausführlichen Ritual können Sie auch lediglich mit einer Kerze arbeiten. Stellen Sie sich vor, wie die Flamme die verschmutzte Energie in das Gewünschte transformiert. Sprechen Sie dazu geeignete Worte. Man kann auch zunächst mit einem anderen Element reinigen und die Kerzenflamme nur zum Aufladen verwenden.

Kaminfeuer

Wenn Sie zu den Glücklichen gehören, die einen Kamin im Haus haben, können Sie dessen Kraft zum Reinigen und Aufladen des gesamten Hauses einsetzen. Es ist sehr leicht, vor einem flackernden Holzfeuer in eine meditative Stimmung zu kommen.

Kaminritual

● Beim Entzünden des Kamins segnen Sie die Holzscheite mit einigen Worten oder sprechen ein Gebet. Stellen Sie sich vor, wie Licht und Wärme des entzündeten Feuers in jeden Winkel des Hauses dringen und die Energie reinigen.

● Übergeben Sie dann die Wünsche für Ihr Heim den Flammen, entweder in Gedanken oder nachdem Sie sie auf einem Stückchen Papier niedergeschrieben haben.

● Danken Sie zum Abschluss für die Reinigung.

Wasser – waschen, heilen, erneuern

In der alchemistischen Tradition wird Wasser magnetische Kraft zugeschrieben. Aufgrund dieser Qualität vermag es Verschmutzungen und Unreinheiten aufzusaugen.

Wasser ist zum Waschen da! Das Gefühl nach einer erfrischenden Dusche ist unbeschreiblich, wobei das Gefühl von Sauberkeit sich nicht nur auf den Körper bezieht. Durch fließendes Wasser wird auch die Aura gereinigt.

Wenn Sie vorhaben, mit Wasser zu arbeiten, machen Sie sich zuvor einige Gedanken zu diesem Element. Visualisieren Sie Wasser: den kleinen plätschernden Bach, der durch eine saftig grüne Wiese fließt, Dotterblumen, die am Ufer blühen, und gelbe Schwertlilien. Schmecken Sie das süße Wasser, das Sie nach einer langen, staubigen Wanderung mit den Händen aus einem Bach oder einer Quelle herausschöpfen, um Ihren Durst zu löschen. Fühlen Sie, wie das eisige Nass Ihre brennenden Füße kühlt und den Staub abwäscht.

Eine Wasserreinigung, die wenig mit körperlicher Reinheit zu tun hat und von der Sie sicher schon einmal gehört haben, ist das rituelle Bad der Inder im Ganges, der, nüchtern betrachtet, ziemlich schmutzig ist. Dennoch ist er ein heiliger Fluss, dem die Eigenschaft zugesprochen wird, »Sünden« abwaschen zu können, wie auch einem anderen Fluss, dem Jordan. In unserem Kulturkreis ist das Wasserreinigungsritual der Taufe sehr verbreitet. Dabei wird der Täufling, meist ein Säugling, mit einigen Tropfen Wasser begossen, manchmal aber auch komplett in das Wasser getaucht. Für die Taufe wird Weihwasser verwendet, also energetisch aufgeladenes Wasser.

Wasser wird mit Intuition und Gefühlen in Verbindung gebracht. Es hat heilende und erneuernde Kraft und gibt Klarheit. Im Gegensatz zu Feuer, das man eher bei gravierenden Störungen der Raumenergie einsetzt, verwendet man Wasser auch für kleinere Verschmutzungen und zum Ausbalancieren.

Eine Wasserreinigung kann durchgeführt werden, wenn die Atmosphäre insgesamt getrübt oder aufgeheizt ist, wenn alle schlecht gelaunt oder nervös sind. Wasser beruhigt die Nerven und spült energetische Verschmutzungen weg. Es kann aber auch verletzte Gefühle heilen. Genau

Sogar die christliche Kirche erlaubt, dass jeder Mensch mit der richtigen Absicht einem Ungetauften die Taufe spenden darf.

Wasser hat in vielen Religionen eine lange Reinigungsgeschichte. Ob bei der christlichen Taufe oder der rituellen Reinigung der Inder im Ganges – die reinigende Kraft von fließendem Wasser ist sehr groß.

Wasserritual

● **Material:** Man verwendet je nach Reinigungsabsicht Weihwasser, Kristallwasser, Vier-Elemente-Wasser oder Sonne-Mond-Wasser. Stellen Sie ein Gefäß mit dem entsprechenden Wasser bereit (Herstellung siehe Seite 41f.). Zum Versprengen benötigen Sie Blumen oder Kräuter, Zweige oder Federn.

● **Anrufen:** Bitten Sie den Geist des Wassers und die höheren Mächte um Beistand für die Reinigung. Das kann ein kurzes Gebet oder die Anrufung des Elementes Wasser sein. Halten Sie Ihre Hände segnend über das Wasser, und sprechen Sie Ihre Reinigungsbitte aus, vielleicht mit den folgenden Worten:

»Ich weihe dieses Wasser der Reinigung des Raumes. Möge die Energie in ihm erneuert und so klar werden wie dieses Wasser.«

● **Reinigen:** Begeben Sie sich in die Mitte des Raumes, und versprühen Sie das geweihte Wasser im Uhrzeigersinn um sich herum. Sie können aber auch gezielt in Bereiche gehen, wo Sie stauende oder bedrückende Energien spüren, und dort einige Tropfen versprengen.

Stellen Sie sich dabei vor, wie das Wasser die schmutzige Energie aus den Ecken herausspült und die negativen Energien aufsaugt, so dass der Raum hell und klar wird.

● **Absicht des Aufladens aussprechen:** Betrachten Sie das energetisierte Wasser, und stimmen Sie sich auf Ihre Klärungsabsicht ein. Äußern Sie Ihre Klärungsabsicht, beispielsweise:

»Möge dieses Wasser den Raum mit Klarheit und sanften und zärtlichen Gefühlen füllen.«

● **Aufladen:** Sie können das Wasser mit den Fingerspitzen oder mit einem Hilfsmittel verspritzen. Stellen Sie sich vor, wie die versprühten Tröpfchen das von Ihnen Gewünschte im Raum verteilen.

● **Danksagung:** Danken Sie für die Hilfe durch ein Gebet oder einige Worte.

Statt mit energetisiertem Wasser können Sie den Raum nach der Reinigung auch mit Hilfe eines anderen Elementes aufladen.

wie Feuer kann man Wasser zum Reinigen und zum Aufladen verwenden. Zum Aufladen benützt man geweihtes Wasser.

Vielleicht haben Sie nach Beendigung der Klärung nicht das gesamte energetisierte Wasser verbraucht. Gießen Sie es nicht einfach in den Ausguss. Ihre Blumen werden sich freuen, ihren Durst mit dieser Kostbarkeit zu löschen.

Nach der Wasserreinigung können Sie den Raum auch mit Düften aufladen. Ebenso ist es möglich, den Raum mit einem anderen Element zu reinigen und dann mit energetisiertem Wasser aufzuladen.

Weihwasser

Weihwasser (energetisiertes, heiliges Wasser) ist keine christliche Erfindung. Heiliges Wasser gibt es in allen Religionen und Kulturen.

Das kann Wasser aus ganz bestimmten Quellen sein, die wie die Kraftorte von sich aus mit hoher Energie ausgestattet sind. Wenn Sie eine solche Quelle in Ihrer Nähe haben, füllen Sie sich das Wasser zum Raumklären dort in einer schönen Glasflasche ab. Oft haben solche Quellen bestimmte Namen oder sind nach Heiligen benannt. Weihen Sie das Wasser entsprechend Ihrer Absicht.

● **Sonnenwasser/Mondwasser** Haben Sie kein solches Quellwasser zur Hand, können Sie energetisiertes Wasser auch selbst herstellen. Die beiden einfachsten Energiespender dafür sind Sonne und Mond.

Die Sonne gibt eine lichte, aufheiternde Energie ab, und das mit ihrem Licht aufgeladene Wasser kann für Räume mit einer bedrückenden Energie verwendet werden, für Räume, die das Licht irgendwie zu schlucken scheinen. Oft ist das der Fall, wenn Krankheit oder Kummer in ihnen lastet. Gießen Sie Wasser in eine Glasschale, und setzen Sie es im Freien dem Sonnenlicht aus. Bei strahlendem Sonnenschein reichen drei Stunden, ansonsten müssen Sie nach Ihrem Gefühl gehen.

Das Mondlicht fördert den Schlaf und schenkt bunte Träume, außerdem wirkt es lindernd bei Trauer und Melancholie. Mondlicht ist natürlich bei Vollmond am wirkungsvollsten. Stellen Sie eine Glasschale mit Wasser über Nacht auf einen Platz im Freien, auf den das Silberlicht des Mondes scheint.

Man sagt, dass an den Quellen und Flüssen die Wassergeister wohnen, die Nixen, Nymphen und Undinen. Wenn Sie an einem solchen Ort Wasser holen, vergessen Sie nicht, ein paar Blümchen für diese Wesen zu hinterlassen.

Machen Sie einen kleinen Versuch: Trinken Sie vor dem Aufladen einen Schluck des Wassers, und vergleichen Sie den Geschmack mit dem nach der Aufladung!

● **Vier-Elemente-Wasser** Beim Herstellen dieses Wassers arbeitet man mit Visualisierungen. Sie brauchen zwei Trinkgefäße, möglichst solche, die Ihnen etwas bedeuten. Füllen Sie in das eine das aufzuladende Wasser. Zunächst setzen Sie sich entspannt hin, beruhigen Ihren Geist durch mehrmaliges tiefes Atmen und nehmen dann das gefüllte Gefäß in die rechte, das leere in die linke Hand. Dann rufen Sie die Kraft des Feuers an. Stellen Sie sich das Feuer wirklich flammend und hoch lodernd vor. Sie müssen die Hitze spüren und die Funken sprühen sehen. Steht das Bild lebendig vor Ihren Augen, lenken Sie seine Kraft in das Wasser. Wenn Sie glauben, dass es genug von dieser Energie aufgenommen hat, gießen Sie etwa ein Viertel davon in das leere Gefäß. Dann vergegenwärtigen Sie sich das Element Luft auf die gleiche Weise und leiten seine Kraft in das rechte Gefäß. Ebenso verfahren Sie mit den Kräften von Erde und Wasser, so dass schließlich das linke Gefäß gefüllt ist. Dann gießen Sie die Flüssigkeit einige Male in den Gefäßen hin und her, bis alle Energien gut gemischt sind.

Das so aufgeladene Wasser ist besonders geeignet, wenn die Kraft aller Elemente in die Räume gerufen werden soll, etwa bei dem Bezug eines neuen Hauses oder einer neuen Wohnung.

Erde – schützen, zentrieren, bewahren

Erde – erinnert Sie das an Schmutz? An lehmige Stiefel mit klebrig schwarzer Gartenerde, mit Staub oder Matsch? Schade.

Folgen Sie mir in den Schoß der Erde, in eine saubere, tiefe Höhle, deren Wände weiß von Kristallen glitzern. Atmen Sie die trockene, leicht salzige Luft ein, die so rein ist, dass keine Fäulnis einsetzen kann. Steinsalz, das reinigende Geschenk der Erde, das desinfizierende Natriumchlorid, das seit Menschengedenken zum Haltbarmachen von Lebensmitteln verwendet wird, mit dem man Wunden reinigt, das schädliche Feuchtigkeit aufnimmt – das Salz der Erde.

Aber nicht nur Salz hat uns die Erde zum Reinigen geschenkt, sondern in der ein oder anderen Weise haben alle Formen von Kristallen reinigenden Charakter. Kristalle bestehen aus Atom- und Molekülgittern und schwingen auf einer feinen Ebene. Feinstoffliche Energien fließen durch sie, weshalb sie auch als Heilsteine eingesetzt werden.

Salz zum Reinigen

Salz verwendet man nur zum Reinigen von Räumen. Es saugt die Energien auf und zersetzt sie. Salz ist ein universelles Reinigungsmittel, das immer eingesetzt werden kann, besonders aber bei zersetzenden und destruktiven Gedankenformen und dumpfer Energie. Eine Salzreinigung ist wirkungsvoll, wenn der Energiefluss durch Verfall und Zerrüttung gestört ist, wie z.B. durch Scheidung, Altersleid, Depressionen und Hoffnungslosigkeit.

Salz kristallisiert in gleichmäßigen Würfeln, weiß und durchscheinend. Betrachten Sie einmal ruhig etwas grobes Salz, um damit vertraut zu werden.

Salzritual

● **Material:** Verwenden Sie reines Salz – Meersalz oder Steinsalz ohne Zusätze –, zerreiben Sie einen Teelöffel davon in einem Mörser fein zu Staub.

● **Anrufen:** Bitten Sie höhere Mächte und die Kraft der Erde um Hilfe beim Reinigen.

● **Reinigen:** Erzeugen Sie einen Energiewirbel, indem Sie sich im Uhrzeigersinn einmal um sich selbst drehen und dabei das feine Salz mit einer großen Armbewegung in der Luft verteilen.

Sie können natürlich auch in den Ecken mit dumpfer, feuchter Atmosphäre Salz ausstreuen. Stellen Sie sich dabei vor, wie das Salz alles aufsaugt, was den Energiefluss stört, und wie der Raum sauber und strahlend wird. Entfernen Sie das Salz mit einem Staubsauger oder Besen und Schaufel. Werfen Sie das Salz und einen eventuell verwendeten Staubsaugerbeutel anschließend weg.

● **Danksagung:** Danken Sie für die Hilfe bei der Reinigung.

● **Aufladen:** Den gereinigten Raum laden Sie mit einer Methode und einem Mittel Ihrer Wahl auf.

Kristalle zum Aufladen

Kristalle sind nicht nur schön anzusehen, sie tragen auch große energetische Kräfte in sich.

Möchten Sie nach der Salzreinigung weiter mit dem Element Erde arbeiten, sind Kristalle sehr hilfreich. Sie werden in der Raumklärung zum Aufladen und zum Bewahren der Energien eingesetzt, jedoch nicht zum Reinigen selbst. Dagegen ist die Reinigung der menschlichen Aura mit Edelsteinen ein ganz eigenes Gebiet geworden. Es gibt eine beachtliche Fachliteratur über Heilsteine und ihre Verwendung zum Reinigen und Heilen der menschlichen Aura.

● **Einen Raum mit Kristallen aufladen** Man stellt einen oder mehrere Kristalle an den Orten auf, wo sich häufig die Energie staut, um die Reinigungsabsicht in diesen Bereichen zu manifestieren und eine anhaltende Energiebalance zu gewährleisten. Diese Kristalle weihen Sie vorher in einem Ritual entsprechend Ihrer Absicht und stellen sie dann unter Bekundung Ihrer Absicht und mit Gebeten und Dankesworten im Zimmer an der ausgewählten Stelle auf. Visualisieren Sie dabei, wie sich die klare Energie im Zimmer verteilt.

Kristalle nehmen unerwünschte Energien auf. Denken Sie jedoch daran, sie von Zeit zu Zeit zu reinigen.

● **Kristalle reinigen** Kristalle oder Edelsteine müssen hin und wieder selbst gereinigt werden, um von absorbierten negativen Energien frei zu werden. Auch hierzu sollten Sie ein kleines Ritual durchführen, denn auch Ihr Bewusstsein hilft dem Stein, wieder Kraft zu sammeln und voll wirksam zu werden.

Sie können Ihr persönliches »Weihwasser« zum Abspülen und Aufladen verwenden. Rufen Sie dazu die Kraft von Mutter Erde an, halten Sie segnend Ihre Hand über den Kristall, und visualisieren Sie, wie Ihre Kraft in ihn hineinfließt. Stellen Sie sich die positiven Dinge vor, die Sie sich für Ihre Wohnung wünschen. Absolut ideal ist es natürlich, wenn Sie den Kristall unter dem fließenden Wasser einer Quelle oder in Meerwasser abspülen können.

Welche Steine zu welchem Zweck verwendet werden und welche Rolle dabei die unterschiedlichen Farben spielen, erfahren Sie im Abschnitt »Steine und Kristalle« ab Seite 71.

Luft – erfrischen, beleben, beschwingen

Bei der Übung der »kleinen Zirkulation« haben Sie sicher bemerkt, dass die Atemluft Energie transportiert. Luft reinigt schon allein durch ihr Strömen und setzt dadurch den Fluss der Energie wieder in Bewegung. In einem Zimmer, in dem viele Menschen zusammengesessen haben, wird die Luft sauerstoffarm und stickig. Am einfachsten erreicht man eine Änderung dieses Zustands durch das Öffnen von Fenstern und Türen und einen kräftigen Luftzug, der die abgestandene Luft hinausfegt. Schön ist es, wenn der Luftzug frisch und klar ist, etwa nach einem heftigen Regen, der den atmosphärischen Schmutz gebunden hat. Luftenergie erhöht die geistige Klarheit und bringt Energie zum Strömen.

Wollen Sie mit diesem Element arbeiten, stellen Sie sich die Kraft der Luft vor: stürmisch und erfrischend. Hören Sie den Sturm heulen, sehen Sie die Wolkenfetzen über den Himmel jagen, fühlen Sie, wie der Wind Ihre Haare zaust.

Geistige Enge und starre Verhaltensregeln können unsere Entfaltung behindern. Gerade unser Geist braucht die Bewegung der Luft zum Atmen.

Auch Luft ist – wie Wasser – Bewegung. Oft reicht es bereits, ausgiebig zu lüften, wenn sich in einem Raum unerwünschte Energien stauen.

Um stagnierte energetische Schwingungen in Bewegung zu setzen, reicht manchmal das Lüften allein nicht aus, auch wenn es die einfachste und schnellste Maßnahme ist, die auch im Alltagsleben häufig durchgeführt wird. Luft ist für manche Energieprobleme zu fein, zu ätherisch, um nachhaltig zu wirken.

Nur reine, natürliche Düfte enthalten den Geist und die Essenz der Pflanzen und Früchte, aus denen sie hergestellt wurden.

Man benötigt dann ein zusätzliches Hilfsmittel wie Düfte. Diese haben ihre ganz eigenen Schwingungen, die vom Träger – Blüten, Kräuter, Harze – bestimmt werden und sehr nachhaltig auf Ihr Unbewusstes einwirken. Aufgrund der Vielfalt der Düfte kann das Aufladen mit ihnen sehr genau auf den jeweiligen Anlass abgestimmt werden. Wir haben ein olfaktorisches Gedächtnis (Geruchsgedächtnis), das uns oft auch beeinflusst, ohne dass wir es bemerken. Gerüche aus der Kindheit – etwa der Geruch von nassem Straßenpflaster nach einem erfrischenden Regen – werden oft mit Wohlbefinden in Zusammenhang gebracht und lassen auch bei Erwachsenen noch angenehme Gefühle entstehen, selbst wenn dies nicht bewusst wahrgenommen wird. Düfte verändern Emotionen und damit auch die eigene Energieebene.

46

Und letztlich – was machen Sie denn mit einem verführerischen Parfüm anderes, als Ihre Energieebene auf ein Rendezvous einzustimmen?

Duftöle

Duftöle verbreiten ihr Aroma am besten, wenn sie erwärmt werden, doch sie sollten nie auf glühende Gegenstände oder gar auf Räucherkohle gegeben werden. Duftlampen, die aus einer wassergefüllten Schale über einer Kerze bestehen, eignen sich hervorragend und sollten nicht nur zur Klärung, sondern auch zur einfachen Freude der Bewohner eines

Düfte üben, auch wenn wir sie mit unserem verhältnismäßig schlecht entwickelten Geruchssinn oft nicht bewusst wahrnehmen, großen Einfluss auf unser seelisches Befinden aus.

Luftritual

● **Material:** Stellen Sie eine Duftlampe, ein Duftöl und eine Kerze zum Entzünden der Lampe bereit, außerdem ein Hilfsmittel, um die Luft im Raum zu verwirbeln – eine Feder oder einen Kräuterbesen.

● **Anrufen:** Bitten Sie höhere Mächte und den Geist der Luft um Hilfe. Wenn Sie die Duftlampe entzünden und sich die duftende Luft im Raum verteilt, weihen Sie sie der Reinigungsabsicht:

»Ich weihe diese Luft der Erfrischung und Belebung des Raumes. Möge sie stockende alte Energien durchdringen und vertreiben.«

● **Reinigen:** Wedeln Sie den Duft mit der Feder in alle Nischen des Raumes, oder fegen Sie mit dem Kräuterbesen die Ecken aus. Stellen Sie sich dabei vor, wie der Duft starre Energieformen durchdringt, durcheinander wirbelt und dann wegfegt. Lassen Sie sie durch geöffnete Türen und Fenster entweichen.

● **Absicht des Aufladens aussprechen:**

»Möge der Geist des ... (verwendete Duftessenz) sich in diesem Raum ausbreiten und uns ... (Absicht) schenken.«

● **Aufladen:** Visualisieren Sie, wie der Raum sich mit der feinen neuen Energie der Absicht füllt.

● **Danksagung:** Sprechen Sie ein Dankgebet.

Hauses hin und wieder eingesetzt werden. Stellen Sie in Ecken, in denen sich unangenehme Energien sammeln, eine solche Lampe auf. Bei Duftölen sollten Sie allerdings auf Qualität achten. Reine Öle und auch Mischungen aus reinen Ölen sind sehr gut geeignet. Vor synthetischen Duftölen kann man nur warnen. Besonders exotische Mischungen aus synthetischen Ölen mit extravaganten Namen können bei empfindlichen Menschen Kopfschmerzen verursachen.

Gönnen Sie sich hin und wieder einen Wiesenblumenstrauß statt der Treibhauspflanzen aus dem Blumenladen.

Blumen und Kräuter

Natürliche Duftträger sind Blumen und Kräuter. Auch sie können zur Verbesserung der Raumenergien beitragen und sie imprägnieren. Blumen können Sie entsprechend der Reinigungsabsicht sowohl nach Farben als auch nach dem Duft auswählen und als Sträuße oder in Pflanzschalen aufstellen. Selbst hergestellte Sträuße aus getrockneten Kräutern können Sie an die Stellen hängen, wo sie ihre Wirkung verbreiten sollen. Man kann sie auch in kleine Kräuterkissen oder Beutelchen aus feinem Stoff in Schränke, unters Kopfkissen oder in Schreibtischschubladen legen. Als Amulette werden sie am Körper getragen. Mit kleinen Kräuterbesen fegen Sie bei der Reinigung die Ecken aus, mit Kräuterzweiglein oder Blüten können Sie geweihtes Wasser versprengen.

Klang

Töne sind Schwingungen der Luft, und natürlich kann man auch damit die Energieschwingungen in Räumen beeinflussen. Für die einfachste Methode, das Händeklatschen, braucht man nicht einmal Hilfsmittel! Wenn Sie ein gutes Gehör haben, können Sie schon durch das Geräusch, das das Klatschen verursacht, feststellen, ob die Energie frei fließt oder ob sie abgestanden in den Ecken liegt. Ist der Ton gedämpft, klatschen Sie mehrmals an einer bestimmten Stelle in die Hände, bis er klar und deutlich klingt. Das Läuten mit einer Glocke ist eine weitere Reinigungsmöglichkeit. Achten Sie auch hier darauf, wie der Klang sich entwickelt. Glocken sind magische Geräte und müssen sorgfältig ausgewählt werden. Wenn Sie mit ihnen eine Reinigung durchführen wollen, lassen Sie sich beim Erwerb von Ihrer Intuition leiten. Klang und

Material müssen Sie ansprechen, der Ton muss zu Ihrer Seele sprechen – dann ist es die richtige Glocke. Dafür müssen Sie zahlen, was der Verkäufer verlangt – bei magischen Werkzeugen darf nicht gehandelt werden. Das würde ihrem Wesen nicht entsprechen.

Gongs haben einen lang hallenden Ton, der sehr tiefgehend reinigt. Nehmen Sie am besten einen kleinen Gong, mit dem Sie durch die einzelnen Zimmer gehen können. Große Gongs, wie sie in asiatischen Tempeln verwendet werden, klären zwar nachhaltig jeden Raum, könnten aber für den normalen Haushalt zu massiv wirken. Tibetische Klangschalen sollten nur von mit diesen vertrauten Menschen benutzt werden.

Wenn Sie ein Musikinstrument beherrschen, können Sie selbstverständlich auch dieses einsetzen. Es spricht auch nichts dagegen, hin und wieder ein fröhliches Lied anzustimmen, um die Energien in Schwung zu halten. Auch Kinder, die durch einen Wald gehen, singen, um ihre Angst zu vertreiben.

Auch die vom menschlichen Ohr nicht registrierten Töne wirken auf uns und die Energieschwingungen.

Klänge verursachen Schwingungen in der Luft, die reinigende Wirkung haben können. Bei Klangschalen können Sie zwischen sehr vielen verschiedenen Klängen wählen. Suchen Sie sich Ihren persönlichen Ton aus!

Mischungen der Elemente

Bisher haben wir dargestellt, wie man die vier Elemente einzeln benützt, aber in vielen Ritualen kommen die Kräfte mehrerer Elemente gleichzeitig zum Einsatz.

Feuer und Luft

Die Reinigung mit Feuer und Luft besteht im Verbrennen von Duftstoffen. Die seit alters in allen Kulturkreisen dafür benutzte Form ist das Räuchern. Mit Räucherwerk wird eine klassische Energiereinigung durchgeführt. Da das Element Feuer beteiligt ist, hat diese Reinigung große Kraft. Durch die Wahlmöglichkeit verschieden duftender Rauchmittel kann die Reinigung dabei genau auf den jeweiligen Anlass abgestimmt werden.

Räucherrituale waren in allen alten Kulturen ein zentraler Bestandteil des religiösen Lebens. Auch heute noch werden sie von vielen Millionen Menschen, meist buddhistischen Glaubens, tagtäglich ausgeführt.

Rauch wird, ähnlich wie Salz, auch bei der Haltbarmachung von Lebensmitteln eingesetzt. Der Technik des Räucherns verdanken wir Delikatessen wie Räucherfisch und geräucherten Schinken. Die reinigende und konservierende Kraft liegt dabei in chemischen Bestandteilen wie Formaldehyd und organischen Säuren, die keimtötend wirken.

Bei der energetischen Reinigung wirken das transformierende Feuer und die Schwingungen der Duftstoffe, die im Rauch freigesetzt werden und sich im Raum verteilen.

Klassische Räucherung

Gerätschaften: Wenn Sie eine Räucherung durchführen wollen, brauchen Sie einige Hilfsmittel. Ein Rauchfass ist dabei auf jeden Fall einer provisorischen Schale vorzuziehen, möchten Sie mit dem Räucherwerk durch die Wohnung ziehen. Es ist einfach sicherer. Wenn Sie nur an einem Ort räuchern wollen, können Sie eine Keramikschale auf einer hitzebeständigen Unterlage verwenden. Vorsicht: Beim Räuchern kann man sich leicht die Finger verbrennen oder, wenn man nicht aufpasst, sogar ein Zimmer in Brand setzen.

Rauchfässer kennen Sie sicher aus der katholischen Messe oder aus anderen religiösen Riten. Sie finden sie in Devotionalienhandlungen, Esoterikläden, unter Umständen auch in Antiquitätengeschäften oder Antikmärkten.

Das Räucherwerk selbst wird auf Räucherkohle verbrannt. Sie erhalten diese etwa drei bis vier Zentimeter großen, gepressten Tabletten in Naturkost- oder Esoterikläden und manchmal sogar im Supermarkt.

Legen Sie die angezündete Kohle in eine Schale oder Ihr Rauchfass, und geben Sie das entsprechende Räucherwerk in die Mulde. Zum Anzünden der Tablette hält man ein langes Streichholz unter die Mulde, die Tablette hält man dabei mit einer kleinen Zange.

Wenn Sie nicht mit Rauchfass und Kohle durch die Räume gehen möchten, können Sie auch Räucherkegel und Räucherstäbe verwenden. Achten Sie aber darauf, dass es sich um reine Stoffe, nicht um synthetische Düfte handelt. Nur die reinen Naturstoffe haben auch die geeigneten Schwingungen.

Sie können den Rauch mit einer Feder, mit einem Kräutersträußchen oder einem Fächer in die zu reinigenden Ecken wedeln. Federn sind eine sehr passende Verbindung zum Element Luft.

Bevor Sie das erste Mal mit Räucherwerk und Kohle reinigen, probieren Sie den Umgang mit den Ingredienzen an einem sicheren Ort aus!

Räucherritual

● Beim Räuchern gehen Sie wie bei dem Luftritual (siehe Seite 47) vor.

● Statt der Duftlampe verwenden Sie das Rauchfass. Damit gehen Sie durch die Räume und lassen den Rauch in den Bereichen und Ecken Ihres Heims wirken, wo sich dumpfe, unklare Energie gesammelt hat.

● Vergessen Sie bei dieser Raumklärung nicht Ihre Anrufungen und Ihre Absichten. Das Visualisieren fällt besonders leicht, wenn Sie Ihre Wunschbilder mit dem Rauch aufsteigen und den Raum füllen lassen.

Benutzen Sie feuerfeste Schalen für das Abbrennen von Räucherkegeln. Räucherstäbchen gehören in eine entsprechende Halterung und sollten nicht umhergetragen werden, damit die Glut nicht zu Boden fällt. Achten Sie auch bei diesen kleineren Räuchermitteln darauf, dass Sie nichts in Brand setzen.

Wasser und Erde

Die intensivste Reinigung unserer Gefühle nimmt der Körper ebenfalls mit Salzwasser vor – wenn die Tränen fließen.

Eines der wirkungsvollsten Reinigungsmittel ist Salzwasser, das generell eingesetzt werden kann. Kristallwasser ist sanfter und besser zum Aufladen geeignet, da es feiner auf die Absicht eingestimmt werden kann.

Salzwasser

Wenn man hört, welche Mengen Zivilisationsmüll wir in unsere Weltmeere kippen, kann einem angst und bange werden. Es ist ein Zeichen der gewaltigen Selbstreinigungskraft der Ozeane, dass sie sich noch nicht in eine stinkende Kloake verwandelt haben. Die nun ersten sichtbaren Anzeichen aber sollten uns bewusst machen, dass auch hier irgendwann die Grenze erreicht sein wird. Auf jeden Fall hat Salzwasser eine ungeheure Reinigungskraft. Eine schmerzhafte, aber wirkungsvolle Art, Wunden zu desinfizieren, ist es, sie in Salzwasser zu tauchen. Das haben die Seefahrer schon immer gewusst.

Bei der Reinigung von Räumen kann Salzwasser sozusagen als Grundreinigungsmittel eingesetzt werden. Es klärt dumpfe, sich stauende Energien genauso wie feuchttrübe, zersetzende.

Rituale mit Salzwasser

Eine Raumreinigung mit Salzwasser führen Sie nach der gleichen Methode durch wie mit Wasser. Rufen Sie dabei die Kräfte der Erde und des Wassers zur Unterstützung an oder Gottheiten, die diese Elemente repräsentieren, und versprengen Sie das Wasser im Uhrzeigersinn um sich herum.

Salzwasser eignet sich auch, um Kristalle zu reinigen, und selbstverständlich auch zur persönlichen Aurareinigung. Die vollkommenste Aurareinigung ist ein Bad im Meer. Salzwasser dürfen Sie aber bitte nie auf Pflanzen gießen, wie dies bei dem Rest aufgeladenen normalen Wassers empfohlen wurde!

Kristallwasser

Um Kristallwasser herzustellen, setzt man einen Kristall einen Tag und eine Nacht lang in einem mit Wasser gefüllten Glasgefäß dem Sonnen- und Mondlicht aus. Das Wasser nimmt dabei die Schwingungen des Kristalls auf und wird auf diese Weise energetisiert. Mit diesem Wasser können Sie besonders Räume reinigen, in denen sich Kranke aufhalten, und damit die Heilung unterstützen.

Bleibt etwas von dem Kristallwasser übrig, kräftigen Sie damit kränkliche Pflanzen.

Wasser und Luft

Im Wasser kann man natürlich nicht nur Salz auflösen, sondern auch duftende Essenzen und andere wasserlösliche Stoffe. Dieses Wasser kann man dann in einem feinen Sprühnebel im Raum verteilen.

Duftwasser

Duftwasser stellen Sie entweder mit den bereits erwähnten reinen Duftölen her oder mit alkoholisch verdünnten Essenzen. Füllen Sie das Wasser für die Raumklärung in eine schöne Sprühflasche, möglichst aus Glas. Es gibt inzwischen viele Kosmetikprodukte, die in wiederverwendbaren Fläschchen mit Sprühzerstäuber angeboten werden. Reinigen Sie eine solche Flasche »normal« durch gründliches Auswaschen, und füllen Sie sie dann mit energetisiertem Wasser und einem Tröpfchen Aromaöl. Mehr ist nicht notwendig, da Sie den Raum ja nicht parfümieren, sondern klären wollen. Achten Sie darauf, dass Sie die Mischung gut durchschütteln, damit sich das Öl im Wasser verteilt. Alkoholische

Parfüms eignen sich nicht zur Reinigung, da sie zu viele unterschiedliche Stoffe enthalten. Die meisten sind zudem synthetisch hergestellt.

53

Verdünnungen, wie sie für Parfüms verwendet werden, vermischen sich von selbst.

Duftwässer eignen sich gut für eine schnelle Form der Energieauffrischung, die auch zwischendurch einmal eingesetzt werden kann, wenn die Grundenergie bereits relativ gut ausbalanciert ist. Wählen Sie die Düfte aus, die mit Ihrer Reinigungsabsicht korrespondieren, und versprühen Sie die Wasser-Duft-Mischung dort, wo die Energie im Raum erfrischt werden soll. Reine Duftstoffe bekommen Sie in Naturkostläden, Drogerien oder Apotheken.

Bach-Blüten

Wenn Sie ein Freund oder eine Freundin der Bach-Blütentherapie sind, können Sie selbstverständlich auch einen Tropfen eines derartigen Mittels geweihtem Wasser zugeben und es versprühen. Die 38 Bach-Blüten, deren besondere Wirkung von dem walisischen Arzt Dr. Edward Bach (1886–1936) entdeckt wurde, wirken durch ihre eigene Schwingung auf den feinstofflichen Körper des Patienten« und verändern unausgeglichene Gemütszustände positiv. Insofern bewirken sie eine Reinigung der menschlichen Aura, können aber natürlich auch das Energiefeld eines Raumes beeinflussen. Es handelt sich dabei wie beim Duftwasser um eine sanfte Energetisierung, die Sie auch schnell einmal ohne großen Aufwand für zwischendurch nutzen können.

Über Bach-Blüten liegt eine umfangreiche Literatur vor, die Sie zurate ziehen sollten, wenn Sie sich mit dieser Variante des Clearings beschäftigen wollen. Hier ein kurzer Überblick über den Einsatz von Bach-Blütenessenzen in der Raumreinigung.

Agrimony (Odermennig) – in Räumen, in denen übersteigerte Sensibilität und innere Unruhe herrschen.

Aspen (Zitterpappel) – hilft dort, wo man unter unerklärlichen Ängsten leidet.

Beech (Rotbuche) – wenn Intoleranz und Arroganz dominieren.

Centaury (Tausendgüldenkraut) – bei Willensschwäche und Überempfindlichkeit anderen gegenüber.

In der von Dr. Bach verfassten Anleitung zu den 38 Essenzen sind negative Zustände und die positiven, diesen entgegenwirkenden Pflanzenkräfte formuliert. Bei Gorse (Stechginster) findet man z. B. »der Sonnenschein erneuter Zuversicht«. Verwenden Sie diese Qualitäten zur Formulierung Ihrer Reinigungsabsicht.

54

Cerato (Bleiwurz) – wenn Sie unter mangelndem Vertrauen in Ihre Fähigkeiten leiden.

Cherry Plum (Kirschpflaume) – in Räumen, wo Verzweiflung und unbeherrschte Temperamentsausbrüche auftreten.

Chestnut Bud (Kastanienknospe) – bei mangelnder Einsicht in die eigenen Fehler.

Chicory (Wegwarte) – wenn Liebe besitzergreifend wird.

Clematis (Weiße Waldrebe) – wo abgestandene Energie zu Geistesabwesenheit und Konzentrationsschwäche führt.

Crab Apple (Holzapfel) – wenn sich die Energie im Raum unsauber und infiziert anfühlt.

Elm (Ulme) – wenn man das Gefühl hat, seine Aufgaben nicht bewältigen zu können.

Gentian (Herbstenzian) – wenn die Energie dunkel und pessimistisch wirkt und Mutlosigkeit hervorruft.

Gorse (Stechginster) – wo drückende Verzweiflung und Hoffnungslosigkeit die Atmosphäre verdüstern.

Heather (Schottisches Heidekraut) – bei zu starker Selbstbezogenheit und bei Eigennutz.

Holly (Stechpalme) – wenn Misstrauen und Eifersucht ihre Spuren hinterlassen haben.

Honeysuckle (Geißblatt) – wenn die Vergangenheit übermächtig wird.

Hornbeam (Weißbuche) – wo die Atmosphäre zu Müdigkeit und Erschöpfung führt.

Impatiens (Drüsentragendes Springkraut) – wo die Energie so trübe wirkt, dass Verzweiflung am Leben droht.

Larch (Lärche) – bei Minderwertigkeitsgefühlen und Verzagtheit.

Mimulus (Gefleckte Gauklerblume) – bei Schüchternheit und kleinen Ängsten.

Mustard (Wilder Senf) – wo die Energie matt darniederliegt und Melancholie vorherrscht.

Oak (Eiche) – bei Kampfesmüdigkeit und mangelnder Standfestigkeit.

Olive (Olive) – wo abgestandene Energie zu Erschöpfung und Müdigkeit führt.

Bach-Blüten gleichen belastende menschliche Gemütszustände und starre Haltungen, die zu Krankheit führen, durch ihre positiven Schwingungsenergien aus.

Pine (Schottische Kiefer) – wo übermächtige Schuldgefühle ihre Spuren hinterlassen haben.

Red Chestnut (Rote Kastanie) – wenn die Atmosphäre mit Sorgen um andere aufgeladen ist.

Rock Rose (Gelbes Sonnenröschen) – wenn innere Panik um sich greift.

Rock Water (Quellwasser) – wo Bedürfnisse unterdrückt werden.

Scleranthus (Einjähriger Knäuel) – wo unklar fließende Energie zu Unschlüssigkeit führt.

Star of Bethlehem – wenn Trauer und Unglück in dem Raum vorherrschen.

Sweet Chestnut (Edelkastanie) – bei dem Gefühl innerer Ausweglosigkeit.

Vervain (Eisenkraut) – wo der gestörte Energiefluss reizbar und fanatisch macht.

Vine (Weinrebe) – bei übertriebener Willenskraft und autoritärem Verhalten.

Walnut (Walnuss) – bei Unsicherheiten vor einem Neubeginn.

Water Violet (Sumpfwasserfeder) – wo Einsamkeit und Isoliertheit vorgeherrscht haben.

White Chestnut (Rosskastanie) – wenn man zu viel über sich selbst grübelt.

Wild Oat (Waldrispe) – unterstützt die Suche nach dem Lebensziel.

Wild Rose (Heckenrose) – wo dumpfe Energie zu Teilnahmslosigkeit führt.

Willow (Gelbe Weide) – wenn Verbitterung und Groll vorherrschen.

Rescue-Tropfen (mehrere Essenzen gemischt) – balancieren das Gleichgewicht der Kräfte nach einem Schock wieder aus.

Feuer und Erde

Eine sehr schnelle und gründliche Reinigung wird mit Feuer und Salz erzielt. Man verwendet sie, wenn rasch eine negative Energie aufgelöst werden soll. Die Wirkung ist deshalb so stark, weil die negative Energie gleichzeitig vom Salz aufgesaugt und vom Feuer verbrannt wird. Besonders geeignet ist diese Reinigung beispielsweise nach heftigem Streit oder schwerer Krankheit, wenn man die negative Energie restlos beseitigen will. Bei weniger massiven Problemen oder wenn man einfach nur frische Energie braucht, verwendet man besser eine andere Reinigungsmethode, z. B. eine Wasserreinigung.

Bevor Sie diese Form der Reinigung in einem Raum vornehmen, beachten Sie bitte alle Vorsichtsmaßnahmen genau. Vielleicht üben Sie das Verfahren zur Sicherheit erst einmal im Freien.

Vorsicht: Dieses Verfahren ist sehr gefährlich! Zum einen wegen der großen Flamme, zum anderen, weil die Energie, die Sie beseitigen wollen, restlos verschwindet, also auch eventuell enthaltene positive Aspekte.

Feuer-Salz-Ritual

● **Material:** Sie benötigen zwei Teelöffel Meersalz, einen Teelöffel Alkohol, eine tiefe feuerfeste Glas- oder Keramikschale, eine feuerfeste Unterlage, einen Deckel und auf jeden Fall griffbereit eine Decke zum Ersticken des Feuers, sollte es außer Kontrolle geraten. Achten Sie darauf, dass weder kleine Kinder noch Haustiere in der Nähe sind! Stellen Sie die Schale auf die Unterlage, und bedenken Sie, dass sie sehr heiß werden kann.

● **Anrufen:** Rufen Sie die Kraft des Feuers und der Erde oder Ihre Gottheiten um Beistand bei der Reinigung an.

● **Reinigen:** Übergießen Sie das Salz in der Schale mit dem Alkohol, und zünden Sie es mit einem langen Streichholz an. Bleiben Sie auf jeden Fall ganz in der Nähe, und stellen Sie sich vor, wie in den verzehrenden Flammen auch die negativen Energien aufgezehrt werden. Bleiben Sie so lange vor Ort, bis das Feuer von selbst erloschen ist. Spülen Sie Reinigungsreste in der Toilette fort. Anschließend wird sich der Raum klarer und frischer anfühlen, die »dicke Luft« ist vertrieben.

● **Danksagung:** Danken Sie dem Feuer und der Erde für ihre Hilfe.

● **Aufladen:** Laden Sie den Raum mit Kristallen oder anderen Methoden anschließend auf.

Die Hilfsmittel

Sie haben nun die Grundvoraussetzungen des Reinigungsrituals und die »Putzmittel« für die energetische Raumreinigung kennen gelernt und wissen, wie man Klärungen vornimmt.

»Spaceclearing«, wie der englische Fachbegriff für diese Tätigkeit lautet, ist eine magische Praktik, und in der Magie werden häufig Hilfsmittel verwendet, die die eigene Absicht verstärken und fokussieren.

Die Analogien bei den Hilfsmitteln

Achten Sie in Ihrem Alltagsleben etwas mehr auf Symbole und Analogien; das wird Sie sensibler dafür machen, durch was Sie beeinflusst werden.

Die Hilfsmittel verstärken Ihre Absicht, weil zwischen dem Gegenstand und der Qualität, die Sie mit der Reinigung erzielen wollen, eine starke Verbindung oder Ähnlichkeit besteht, eine Entsprechung oder Analogie. Praktisch bedeutet das, dass Sie für die Absicht, einen Raum mit zarter, liebevoller Energie zu füllen, ein Hilfsmittel verwenden, das Sie automatisch an das Ziel Ihres Rituals denken lässt und auch Ihr Unbewusstes in diese Richtung lenkt. Hier wäre beispielsweise Rosenduft oder eine rosa Kerze geeignet. Die starke Verbindung zwischen einem feinstofflichen abstrakten Reinigungsziel und einer Farbe ist möglich, weil Rosa seit alters symbolisch für zarte Liebe steht. Sein symbolischer Gehalt und das Reinigungsziel sind also deckungsgleich.

Bei der Farbe Blau denken die meisten Menschen spontan an Klarheit. Wenn Sie mit der Absicht reinigen, einen Raum mit Klarheit zu füllen, wird diese Farbe Sie daher in Ihrer Absicht bestärken. Das können blaue Blumen, blaue Kerzen, Bänder und Tücher sein, ganz, wie es Ihnen gefällt. Je mehr die gesamte Handlung und die Einzelschritte der magischen Handlung mit Ihrer Absicht übereinstimmen, desto leichter wird es, Ihre Vorstellungskraft und Ihr Unbewusstes auf diese Absicht zu lenken. Düfte, Räucherwerk, Kräuter, Steine, farbige Kerzen und Farben helfen Ihnen dabei.

58

Das geeignete Hilfsmittel auswählen

Das Wichtigste ist, dass Sie eine genaue Vorstellung davon haben, welche Absicht Sie mit der Raumklärung Wirklichkeit werden lassen wollen und welche Farben, Düfte oder Blumen Sie rein gefühlsmäßig mit dieser Vorstellung verbinden. Wenn Sie sich Frische und Klarheit wünschen, können Sie beispielsweise einmal in Ihren Erinnerungen nachforschen, in welchen Momenten Sie Frische und Klarheit intensiv erlebt haben. Als Anhaltspunkt dazu ein eigenes Erlebnis.

Es ist ein Urlaub in Südfrankreich, in der Provence. Ein sonniger, schon kühler Herbsttag, an dem Bäume und Felsen lange, tiefschwarze Schatten bilden. An einem kleinen Bach werfen Arbeiter große Bündel getrockneten Lavendels in einen Kessel zur Vorbereitung auf die Parfümverarbeitung.

Der Duft des Lavendels zusammen mit dem scharfen, kalten Wind und dem glasklaren Licht über den Feldern hinterließ bei mir einen solchen intensiven Eindruck von Frische und Klarheit, dass ich mir nur diese Szene vor Augen führen muss, um Lavendelduft in der Nase zu spüren. Lavendel ist seither meine Lieblingspflanze, wenn es um Frische und Klarheit geht. Warum sollte ich also einen anderen Duft nehmen als den, der meine Vorstellung unterstützt?

Sicher haben Sie solche Sinneseindrücke, die sich nachhaltig eingeprägt haben, auch schon gehabt: ein nebliger Wald im Frühling, reine Gebirgsluft über blendend weißem Schnee, ein Bad im sonnenglitzernden blauen Meer, Heckenrosen, die in der Dämmerung ihren Duft verströmen, das freie Atmen nach einem Sommergewitter, wenn die Sonne ihre ersten Strahlenpfeile wieder hinter den schwarzen Wolken hervorschießt ...

Suchen Sie in Ihrer Erinnerung nach solchen Momenten, in denen sich Sinneseindrücke mit bestimmten Qualitäten verbinden. Diese Bilder leiten Sie dann an und helfen Ihnen, die unterstützenden Ingredienzen für Ihr persönliches Reinigungsritual zusammenzustellen.

Aber nicht immer hat man eindeutige individuelle Vorlieben oder kann auf Anhieb eine differenzierte Reinigungsabsicht mit einem bestimmten

Oft sind intensive Naturerlebnisse mit starken Sinneseindrücken verknüpft. Die Erinnerung daran kann Sie bei der Auswahl des geeigneten Hilfsmittels unterstützen.

Menschen reagieren ganz unterschiedlich stark auf Sinneseindrücke. Während der eine ein visueller Typ ist, also auf Farben und Formen reagiert, ist ein anderer für Gerüche oder Klänge besonders empfänglich.

Hilfsmittel verbinden. Für diesen Fall sind die folgenden Listen gedacht, die wiedergeben, welche Qualitäten besonderen Steinen, Gegenständen und Düften von den Menschen unseres Kulturkreises seit Hunderten von Jahren zugeschrieben werden. Sie können also getrost auf sie zurückgreifen, da diese Zuordnungen auch in Ihrem eigenen Unbewussten verborgen sind und nur wiederentdeckt werden müssen.

Da es bei der Auswahl der Hilfsmittel wirklich auf Ihre ganz individuelle Empfindung ankommt, bieten wir hier keine fertig zugeschnittenen Anleitungen, wie die Details Ihres Rituals auszusehen haben, sondern überlassen es Ihnen, die einzelnen Bestandteile nach Ihren Bedürfnissen so zusammenzustellen, dass sie optimal Ihrer jeweiligen Reinigungsabsicht entsprechen.

Farben

Farben spielen hauptsächlich für Kerzen eine Rolle. Sie können sie aber auch für andere Hilfsmittel einsetzen. Farbige Kleidung, die die Absicht verstärkt, kann hilfreich sein, vor allem für Menschen, die stark auf Farben reagieren.

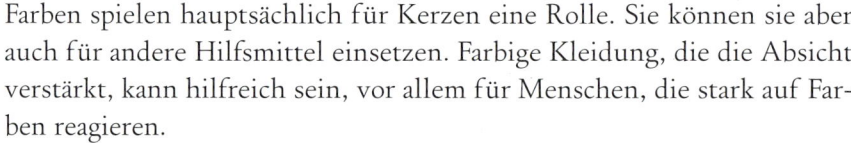

Farben wirken nämlich sehr nachhaltig auf unsere Stimmung, und die Stimmung wiederum wirkt auf die Raumenergien. Es hängt alles zusammen, wie Sie wissen, und darum sollten Sie in Räumen, die Sie beispielsweise ständig schwermütig machen, vielleicht auch einmal die Vorhänge oder den Teppich in einer anderen Farbe wählen.

Beginnen wir mit dem Regenbogen der Farben.

● **Blau** Blau ist kühl, es gleicht Hitze aus. Es wirkt beruhigend, wo Energien zu stark durch aggressive Gedanken aus dem Gleichgewicht gebracht worden sind. Es unterstützt Treue und Zuverlässigkeit und hilft, Inspiration und Wahrheit zu finden.

Blau im Raum wirkt entspannend und beruhigend wie ein Blick in den wolkenlosen Himmel oder über das sonnige Meer. Es gibt das Gefühl von Weite und Gelassenheit.

Zu viel Blau jedoch ruft Distanziertheit und Kälte hervor und ist in Phasen der Traurigkeit und Einsamkeit nicht angeraten. Verwenden Sie es nicht, wenn Sie Gefühlskälte, Trauer und Einsamkeit beseitigen wollen.

● **Grün**   Grün ist wärmer als Blau, es steht mit dem Wachstum, dem Grünen und Blühen in Zusammenhang und kann von Ihnen immer dort eingesetzt werden, wo Stagnation und Rückschritt den Fluss der Energie behindern.

Grün im Raum ist erholsam für die Augen, es ist lebendig und am schönsten durch Zimmerpflanzen präsentiert. Es hat eine freundliche, heitere Ausstrahlung, die von Überfluss und Reichtum spricht.

Zu viel Grün, vor allem gelbstichiges, wirkt beschränkend, hat den Anflug von Neid und Disharmonie.

● **Gelb**   Gelb ist noch wärmer als Grün und fördert Konzentrations- und Lernfähigkeit. Bei der Reinigung können Sie es dort verwenden, wo die Energie träge macht und das Denken schwer fällt. Es ist aber auch eine lichte und sonnige Farbe, die düstere Gedanken, Schwermut und schlechte Laune vertreibt.

Im Raum wirkt Gelb fröhlich, sonnig, hell und beschwingt. Legen Sie hin und wieder eine gelbe Tischdecke auf, oder stellen Sie einen Strauß gelber Sonnenblumen dort hin, wo Sie einen wachen, heiteren Geist brauchen.

Setzen Sie hingegen Gelb nicht ein, wo Sie innere Ruhe suchen, denn dafür hat diese Farbe bereits zu viel eigene Energie. Ein grünstichiges Gelb sollten Sie ganz meiden.

● **Orange**   Wir nähern uns den warmen Farben, den energiereichen Rottönen. Orange ist Wärme und Kraft, es vertreibt Einsamkeit und Mutlosigkeit und gibt neuen Antrieb. Wo Traurigkeit sich eingenistet hat, wo vor Alleinsein die Decke auf den Kopf stürzt, kann ein wenig Orange, vor allem mit Gold kombiniert, Abhilfe schaffen.

Ein Raum sollte nie ganz in Orange ausgestattet sein, aber ein paar Akzente schaffen eine gesellige Atmosphäre. Kiefernholz oder Pinie nimmt mit der Zeit einen wundervollen Goldorangeton an. Terrakottaböden können ebenfalls eine warme dunkelorange Farbe aufweisen.

Räume, in denen Sie ruhen wollen, sollten Sie nicht übermäßig mit Orange dekorieren. Bei Krankenzimmern ist es nur dann angebracht, wenn der Patient sich bereits auf dem Weg der Genesung befindet, um seine Lebensenergien anzuregen.

**Grün in seiner schönsten Form präsentiert sich in unseren Zimmerpflanzen.
Einige von ihnen, z. B. die Grünlilie und die Trompetentute, reinigen die Raumluft von Umweltgiften.**

● **Rot**   Rot ist die Farbe des Lebens, der Fruchtbarkeit und auch der Aggressivität. Es ist die heißeste Farbe im Spektrum und vertreibt alle kalten Energien. Rot ist die Farbe der Leidenschaft jeglicher Art. Wo diese verloren gegangen ist, hilft Rot.

Ganz bestimmt *nicht* anwenden sollten Sie diese Farbe jedoch dort, wo die Energien durch Zorn aus dem Gleis gelaufen sind. Zu viel Rot macht uns aggressiv.

Ein ganz rotes Zimmer ist etwas heikel, erinnert es doch an mit Plüsch und schwellenden Polstern ausgestattete Etablissements aus schlechten Filmen. Aber ein wenig Rot ist zu empfehlen: Es erhöht die Vitalität, strahlt Wärme aus und gibt Kraft.

● **Rosa**   Die mildere Form des heißen Rots ist das Rosa, das für Sensibilität, Romantik und zarte Liebe steht. Wo die Energie verknöchert und lieblos wirkt, werden Sie Rosa einsetzen wollen.

Rosa Akzente im Raum erhöhen die Empfindsamkeit der Sinne, weshalb in guten Restaurants die Tische sehr oft in dieser Farbe gedeckt sind. Man ist dem Geschmack des Essens gegenüber aufgeschlossener.

Zu viel Rosa kann Sentimentalität und Wirklichkeitsflucht verstärken.

● **Violett**   Als Mischfarbe aus dem kalten Blau und dem heißen Rot entsteht das Violett. Es ist von jeher eine Farbe, die mit dem Heiligen in Verbindung gebracht wird, mit Verzauberung, Mystik und Erleuchtung. Wo die Energien zu ungeistig werden, wo materialistisches Denken und Erstarrung überwiegen, da schafft Violett Abhilfe.

In einem Raum, in dem Sie meditieren wollen, unterstützt Sie die violette Farbe. Ansonsten sollten Sie sie nicht zu oft verwenden – schon gar nicht dort, wo Schwermut herrscht, denn Violett ist auch die Farbe der Trauer und der Melancholie, der Introvertiertheit und Lethargie.

● **Weiß**   Wir haben den Regenbogen von Blau über Grün, Gelb, Rot und Violett durchlaufen und sind bei dem reinen Weiß angelangt. Ein Regenbogen – und auch in anderer Form in seine unterschiedlichen Wellenlängen zerlegtes Licht – besteht aus den Spektralfarben. Führen wir sie wieder zusammen, erscheint das Licht weiß.

Weiß ist die Reinheit, die Schlichtheit, die Makellosigkeit und damit die klassische Reinigungsfarbe. Mit weißen Kerzen machen Sie nichts

Immer mehr Menschen bevorzugen weiß gestrichene Wände anstelle von bunt gemusterten Tapeten. Kein Wunder – die ständige Überflutung unserer Sinne fordert einen Ausgleich durch die Schlichtheit der weißen Farbe.

falsch, wenn Sie weißes Licht visualisieren, erhellen Sie alle dunklen Ecken.

Räume mit viel Weiß wirken elegant, meist aber kühl bis kalt. Ohne weitere Farben sind sie sogar eisig, klinisch rein und überaus ungemütlich. Es sieht so aus, als ob der Mensch für die makellose Reinheit doch nicht geschaffen ist, denn nur die Farbtupfer machen die Spannung im Leben aus: die Farbtupfer aus Leidenschaft, Geselligkeit, Zorn, Trauer, Sinnlichkeit und Verzauberung, wie sie eben der ganzen Farbpalette entsprechen. Gehen Sie bei der Gestaltung nach Ihrem Gefühl vor.

● **Schwarz**   Schwarz ist der Kontrast zu Weiß, schwarz ist die Nacht, sind die Schatten, die feierlichen Roben vieler Würdenträger, die verführerischen Dessous, der Glück bringende Schornsteinfeger, die Trauer und der Tod.

Ein ganz schwarzer Raum ist energetisch genauso schädlich wie ein rein weißer. Wir würden uns extrem unwohl darin fühlen, da Schwarz das Licht schluckt und wir ohne Licht depressiv werden. Aber eine Welt ohne Schwarz ist eben auch nicht denkbar. Verwenden Sie es, um zu unterstreichen, um hervorzuheben, um abzugrenzen.

Die Fülle der gesamten Farbpalette bereichert und inspiriert unser Leben – wäre alles nur grau in grau, würden wir trübsinnig werden.

Farbe	unterstützt	reinigt von:
Blau	Kühle, Treue, Entspannung	Aggression, heftiger Leidenschaft
Grün	Wachstum, Reichtum	Stagnation, Rückschritt, Geiz
Gelb	Heiterkeit, Konzentration	Trübsinn, Lernschwierigkeiten
Orange	Geselligkeit, Kommunikation	Einsamkeit, Kälte, Mutlosigkeit
Rot	Dynamik, Leidenschaft, Liebe	Antriebslosigkeit und Müdigkeit
Rosa	Romantik, Sensibilität	Lieblosigkeit und Erstarrung
Violett	Spiritualität, Meditation	Engstirnigkeit, Fanatismus
Weiß	Reinheit, Schlichtheit, Eleganz	allen Ungleichgewichten
Schwarz	Würde und Verführung	Fokussierung und Bannung

Düfte

Kennen Sie die Zusammensetzung Ihres Lieblingsparfüms? Und wie wirkt es auf Sie oder auf andere? Düfte umgeben uns ständig, nicht alle sind angenehm, und bei einigen scheiden sich die Geister. Aber mit einer ganzen Reihe von Gerüchen verbinden wir das Gefühl von Sauberkeit. Die Industrie macht sich das zunutze, um Ihnen Reinigungsmittel mit zitronenfrischem und frühlingslindem Duft zu verkaufen.

Die synthetischen Duftstoffe in diesen Putzmitteln steigern deren Reinigungskraft jedoch nicht. Wirksam sind nur die chemischen und mechanischen Stoffe in der Scheuermilch.

Natürlicher Zitronensaft dagegen reinigt aufgrund seiner desinfizierenden Eigenschaft tatsächlich. Auch andere Kräuter, etwa Lavendel oder Thymian, haben eine stark desinfizierende Wirkung.

Die Wirkung des Duftes beruht auf den Molekülen ätherischer Öle, die die Pflanze absondert und die sich in der Luft ausbreiten. Ihre Schwingungen sind es, die die Raumenergien beeinflussen können. Düfte, die wir beispielsweise in natürlichen Reinigungsmitteln finden, werden wie die Farben mit bestimmten Eigenschaften verbunden. Daher können sie die Reinigungsabsicht gut transportieren.

Verwenden können Sie Düfte in Form von Räucherwerk, als Duftöle oder als Kräuterbündel.

Nicht parfümierte Reinigungsmittel haben die gleiche Wirkung wie solche, die versprechen, Alpenwiesen und Aprilschauer in Ihr Heim zu zaubern.

Hölzer und Harze

Die Basismischung der Räucherwerke enthält fast immer wohlriechende Harze und Hölzer, zu denen dann die anderen Duftstoffe in Form von getrockneten Blättern, Blüten, Samen oder Schalen hinzugemischt werden können.

● **Weihrauch**   Das klassische Räucherwerk ist der Weihrauch, das Gummiharz Olibanum. Dieses Harz ist die Grundlage unterschiedlicher Weihrauchmischungen, die Sie entweder fertig kaufen oder selbst herstellen können. Weihrauch hat eine desinfizierende Wirkung und wurde schon immer zum Ausräuchern von Krankenzimmern verwendet. Seine Schwingungen vertreiben alle unerwünschten Gedankenformen, und sein balsamischer Duft verbreitet eine weihevolle Atmosphäre, die die meditative Stimmung erhöht.

Weihrauch ist wie Salzwasser ein universell einsetzbares Reinigungsmittel, das gleichzeitig Schutz vor neuen energetischen Verschmutzungen bietet. Es gibt Weihrauch auch als Duftöl, das Sie in einer Duftlampe aufsteigen lassen können, wenn Ihnen Räuchern zu aufwändig oder gefährlich erscheint.

● **Myrrhe**   Ebenfalls ein Harz ist Myrrhe, bekannt als eines der Geschenke der Heiligen Drei Könige. Sie gehört zu den Standardbeimischungen für Räucherwerk und wird zur Reinigung und zum Schutz verbrannt, eignet sich aber auch zur Unterstützung von Meditationen.

● **Sandelholz**   Sandelholz, Bestandteil vieler Räucherstäbchen und Kegelchen, verbreitet einen warmen, süßen Duft. Es kann auch als Zusatz zu dem oben genannten Weihrauch verbrannt werden und ist ebenfalls wie dieser als Duftöl erhältlich. Sandelholz ist ein Reinigungsmittel, das aufgewühlte Energien besänftigt und von ruhiger Sinnlichkeit ist. Verwenden Sie es z.B. im Schlafzimmer oder, zusammen mit Weihrauch, in Ihrem Meditationsraum. Kästchen, Figuren, Fächer und Schalen aus Sandelholz verbreiten ebenfalls einen sanften Duft und können als schmückende Energiebewahrer aufgestellt werden.

Viele im Handel erhältliche Pulvermischungen zum Räuchern enthalten der besseren Brennbarkeit wegen billiges Sägemehl als Streckmittel. Für eine selbst hergestellte Pulvermischung ist Holzpulver aus unbehandeltem Sandelholz, das man mit einer Reibe abraspelt, besonders schön.

Düfte sind ein guter »Träger« von Reinigungsabsichten. Im Fachhandel sind zahlreiche Räuchermischungen erhältlich.

● **Wacholder** Wacholderbeeren und -blätter können dem Weihrauch zugemischt werden. Als Duftöl verströmt Wacholder einen grünkrautigen Duft, der reinigend und anregend wirkt. Sie können auch Wacholderbüsche vor den Eingang Ihres Hauses pflanzen, um es zu schützen, oder die Beeren in einem Beutelchen dort hinlegen, wo Sie Schutz brauchen. Und selbstverständlich geben die Beeren Ihren Saucen und Braten eine feine Würze.

● **Fichtennadeln, Kiefernnadeln** In den meisten Saunen wird von Zeit zu Zeit ein Aufguss mit Fichtennadelessenz vorgenommen. Sie wird auch gern in Badezusätzen verwendet. Die Wirkung ist reinigend und erfrischend und kann im ganzen Haus eingesetzt werden, um den Fluss der Energien wieder in Schwung zu bringen.

Kiefern- und Fichtennadeln können auch verbrannt werden, aber Vorsicht: Dabei fliegen kleine Funken!

● **Eukalyptus** Als Räucherwerk oder Öl wird er zu Heilzwecken angewendet; ein Eukalyptuszweiglein, über das Bett eines Erkälteten gehängt, unterstützt die Genesung.

● **Zimt** Die Zimtrinde in der Weihrauchmischung wirkt heilend, weckt aber auch die männliche Leidenschaft. Überlegen Sie selbst, wo Sie Zimt einsetzen möchten.

● **Zedernholz** Auch Holz und Harz des Zedernbaumes werden Weihrauchmischungen zugesetzt, sie sind ebenfalls als Öl erhältlich. Falls Sie unter schweren Träumen leiden, können Sie Ihr Schlafzimmer mit diesem weichen, holzigen Duft reinigen. Er wirkt stressmindernd und entspannend und schützt vor Alpträumen.

Aus Zedernholz gefertigte Gegenstände verbreiten noch lange Zeit ihren Geruch.

»Ros maris«, der »Tau des Meeres«, gehört zu den ganz alten Räuchersubstanzen. Rosmarin wurde schon im alten Ägypten und in Rom gern zum Ausräuchern von Häusern verwendet.

Kräuter

Wenden wir uns jetzt nach den Hölzern und Harzen den Kräutern zu, die sich zum Reinigen eignen. Sie sind in Form getrockneter Blätter, Blüten oder Stängel als Räucherwerk einsetzbar, aber auch als Öle erhältlich. Duftende Kräuter können ebenso als Sträuße aufgehängt oder in Duftkissen verarbeitet werden.

● **Salbei**   Salbei reinigt, läutert, schützt und ruft positive Energien herbei. Verwenden Sie die getrockneten Blätter als Räucherwerk oder das entsprechende Duftöl dort, wo Sie Inspiration oder Heilung benötigen. Sie können auch Salbeisträußchen aufhängen.

Wenn Sie eine Möglichkeit haben, Salbei anzupflanzen – im Garten oder in Blumenkästen –, sollten Sie sie nützen.

● **Rosmarin**   Rosmarin wird wie Fichtennadeln in Form eines Extraktes, als Teesud oder als Fertigpräparat oft als Badezusatz verwendet und wirkt stimulierend auf den Kreislauf. Er ist ein wirklich mystisches Kraut mit einer langen Tradition. Er reinigt und fördert die Freundschaft, er heilt und schützt, und man sagt ihm nach, dass er die Elfen anzieht. Sie können die Nadeln zum Räuchern verwenden (Vorsicht: Funkenflug!) oder das Öl duften lassen. Mit Rosmarinzweigen, die zu einem kleinen Besen zusammengebunden werden, fegt man Ecken mit dumpfer Energie aus, danach füllt sich der Raum mit freundlicher Atmosphäre. Rosmarinduft fördert auch die geistige Konzentration und die Lernfähigkeit. Darum ist er fürs Arbeitszimmer gut geeignet.

● **Thymian**   Thymian gibt Kraft. Zerreiben Sie ein paar Blättchen zwischen den Fingern, wenn Sie sich niedergeschlagen und erschöpft fühlen, und atmen Sie den herben, würzigen Duft, dann spüren Sie diese Kraft. Thymian ist ebenfalls als Öl erhältlich, aber das frische Kraut ist bereits so intensiv, dass ein paar zerriebene Blättchen ausreichen, um stagnierende Energie zu verscheuchen. Thymian in einem Kräutersäckchen unter dem Kopfkissen vertreibt Alpträume, und man sagt ihm nach, dass er die Hellsichtigkeit fördert.

Thymian wirkt stark antibakteriell und eignet sich deshalb sehr gut, um Krankheitserreger abzutöten. Um alle Keime in einem Liter Kloakenflüssigkeit abzutöten, reichen 0,7 Kubikzentimeter Thymianöl aus.

● **Lavendel**   Reinheit pur vermittelt der Geruch von Lavendel; er ist als Duftwasser altbekannt, wird aber auch als Mottenschutzmittel in Kräutersäckchen zwischen die Wäsche gelegt. Als Öl oder als Räucherwerk, als Kräuterstrauß oder Besen können Sie ihn immer dann einsetzen, wenn Heilung notwendig ist. Er schützt zudem vor Schlaflosigkeit und fördert die Intuition.

Zusammen mit Thymian und Rosmarin bildet er das Bouquet garni der Mittelmeerküche, und genau in dieser Kombination sollten Sie auch Kräutersträußchen zum Schutz der Küche aufhängen.

● **Kamille** Getrocknete Kamillenblüten können ebenso als Räucherwerk verwendet werden, Kamillensträuße oder Kräutersäckchen kann man in den Zimmern verteilen. Kamille wirkt heilend und besänftigend; sie ist hervorragend geeignet, um nach einem Streit den Raum zu klären. Sie soll auch das Glück anziehen.

● **Pfefferminze** Pfefferminztee ist ein altbekanntes Heilmittel bei Magenverstimmungen. Der Duft der Minze wirkt reinigend und heilend, und es genügt, wenn Sie ein paar frische Blättchen zwischen den Händen zerreiben und das scharfe Aroma in Ecken mit kränklicher Energie wirken lassen. Nach dem Winter kann man die Wohnung mit Pfefferminzduft durchlüften lassen, um dem Frühling (und seinen Gefühlen, denn die Minze wirkt auch ein wenig erotisierend) den Einzug zu erleichtern.

Lavendel-Rosen-Mischung zum Reinigen von konfliktbeladenen Räumen:
Je ein Drittel pulverisierte Rosen- und Lavendelblüten und Sandelholzpulver (unbehandelt) mischen. Pulver prisenweise auf glühende Kohlentabletten streuen. Ist der Rauch verdampft, wiederholen.

● **Engelwurz** Angelika ist der botanische Name der Engelwurz, deren Blätter und Wurzeln getrocknet als Räucherwerk bei Austreibungsritualen verwendet werden. Man kann sie auch als Schutzamulett tragen oder im Garten zum Schutz anpflanzen. Aus der Angelikawurzel wird im Übrigen auch ein Likör hergestellt. Wie groß dessen Schutzwirkung ist, ist nicht bekannt, er soll aber bei Magenschmerzen helfen.

● **Katzenminze** Die getrockneten Blätter, als Weihrauch verbrannt, erhöhen die Fähigkeit, den Kontakt mit Tieren aufzunehmen.

Früchte

Auch Früchte helfen mit ihrem Duft, eine ausgewogene Atmosphäre zu schaffen. Verwenden Sie sie getrocknet oder als Öl.

● **Zitrusfrüchte** Eingesetzt werden vor allem das Öl und die getrockneten Schalen im Räucherwerk. Getrocknete Schalen können auch als Beimischung zu Potpourris verwendet werden.

Zitrone korrespondiert ihrer gelben Farbe wegen gut mit den geistigen, intellektuellen Kräften. Zitrusduft wirkt belebend. Versprühen Sie hin und wieder an Ihrem Arbeitsplatz einen feinen Duftnebel mit Zitrone. Mandarine wirkt ebenfalls belebend und gibt inneren Auftrieb, ist aber etwas sanfter als die Orange. Alle Zitrusfrüchte bringen Energiestauungen wieder zum Fließen und helles Licht in den Raum.

● **Apfel**   Der Apfel ist ein mächtiges Fruchtbarkeitssymbol – Apfelduft weckt die Lebenskräfte und die Liebe. Verwendet werden die getrockneten Früchte und die Blüten.

Blumen

Und zuletzt die Blumen, die mit ihrem Duft nicht nur die Energien im Raum aufhellen, sondern auch Schönheit in die Zimmer bringen.

In der klassischen Räucherung verändert man energetische Schwingungen bisweilen auch durch Verbrennen getrockneter Blütenblätter. Der Geruch aber ist eher beißend und enthält nicht mehr viel von den bezaubernden Düften frischer Blüten. Ich persönlich ziehe deshalb den Duft eines frischen Blumenstraußes vor. Achten Sie aber darauf, dass es sich um Blumen handelt, die möglichst natürlich gewachsen sind – überzüchtete Treibhauspflanzen verlieren viel von ihrer natürlichen Kraft. Handelt es sich nicht um die richtige Jahreszeit der entsprechenden Blumen, kann man auch das Duftöl verwenden.

● **Rosen**   Rote Rosen sind das klassische Zeichen der Liebe. Diese Botschaft versteht auch heute noch jeder Mensch. Rosenduft fördert die

Heilkräuter und Blüten, die in der persönlichen Umgebung oder im Urlaub selbst gesammelt werden, entfalten eine besondere Kraft beim Reinigungsritual, da sie mit dem Menschen stärker verbunden sind.

69

Liebe und die Fruchtbarkeit. Verwenden Sie neben dem Strauß frischer blühender Rosen auch Rosenwasser zum Versprengen.

Die Früchte der Heckenrose, die Hagebutten, ergeben in ihrer getrockneten Form nicht nur einen Vitamin-C-haltigen Tee, sondern können auch als Räucherwerk verbrannt werden. Sie haben eine ähnliche Wirkung wie Äpfel.

● **Nelken**   Nelken duften sehr intensiv und verleihen ebenfalls starke Energien. Dort, wo Sie Kraft für Ihre Arbeit brauchen, können Sie sich Nelken auf den Tisch stellen oder Nelkenöl in einer Duftlampe aufsteigen lassen. Aber achten Sie darauf, dass der Geruch nicht zu stark wird, er kann leicht erschlagend wirken.

Nelkenduft wird auch zum Schutz vor fremden Energien verwendet.

● **Hyazinthe**   Hyazinthen verbreiten ebenfalls einen überwältigenden Duft, wenn sie aufblühen, und können bei empfindlichen Menschen zu Kopfschmerzen führen. Dennoch soll ihr Duft bei seelischem Schmerz helfen. Probieren Sie selbst aus, wie weit Ihnen dieser Geruch liegt.

● **Verbene/Eisenkraut**   Verbenen duften frisch und fruchtig und werden zur Reinigung als Rauch oder in Reinigungsbädern eingesetzt. Auch als Schutzamulett werden sie verwendet. Hängen Sie ein Bündel getrocknete Verbenen über Ihrem Bett auf, um sich vor unangenehmen Träumen zu schützen.

● **Besenginster**   Mit Besenginster fegen Sie feinstofflichen Schmutz aus den Ecken, vor allem in Zimmern, in denen Kranke liegen. Auch vor Ritualen kann man den magischen Kreis mit Ginster ausfegen.

Natürlich gibt es noch sehr viel mehr Blumen, die man einsetzen kann, um ein angenehmes Raumklima zu schaffen, aber die Beschreibung aller würde den Rahmen dieses Buches sprengen. Sie haben außerdem inzwischen vermutlich selbst ein Gefühl dafür entwickelt, welche Wirkungen Duft und Farbe haben können. Folgen Sie Ihrer Intuition und Ihrem guten Geschmack, wenn Sie einen Strauß Blumen pflücken und im Raum arrangieren. Freunden Sie sich mit der alten japanischen Kunst des Blumensteckens (Ikebana) an, die Form und Farbelemente zu überaus harmonischen und Kraft spendenden Kunstwerken zu gestalten weiß.

> **Bereiten Sie aus jeweils einem Teelöffel Rosen- und Verbenenblüten (auch Rosmarin oder Salbei), auf einen Viertelliter Wasser gegeben, einen Tee zu. Bevor Sie mit dem Räuchern beginnen, können Sie sich durch eine Tasse des entsprechenden Tees auf Ihr Reinigungsvorhaben einstimmen.**

Steine und Kristalle

Kristalle sind geformt aus der Materie der Erde, dem Feuer in ihrem Inneren und dem Wasser in ihrer Kristallstruktur. Sie fangen das Licht von Sonne und Mond ein und zeigen sich uns in ihrer Farbenpracht und Ästhetik. Steine sind alt und geduldig, sie haben Jahrtausende gebraucht, um zu wachsen und ihre Kräfte zu entfalten.

Steine gibt es als gewachsene Kristalle, als glatt geschliffene Kugeln, Eier, Ringe, Scheiben oder als geformte Figuren. Bei Mineralienhändlern, auf Flohmärkten oder in Esoterikläden finden Sie ein breites Angebot an Steinen. Beachten Sie aber, dass diese Steine durch den Abbau, das Zertrümmern, den Transport und die vielen Hände, durch die sie bereits gegangen sind, einiges von ihrer Kraft verloren haben. Bevor Sie den Stein Ihrer Wahl als Energiebewahrer im Haus einsetzen, sollten Sie ihn einer gründlichen Reinigung unterziehen und ihn wieder mit Kraft aufladen.

Es heißt, dass jeder Stein einen Wächter hat, der ihn begleitet und die Kräfte des Kristalls beeinflusst.

Geschundene Steine reinigen: Die erste Reinigung ist eine rein mechanische. Sie bürsten den Stein unter fließendem Wasser mit einer weichen Bürste ab, gegebenenfalls mit einer leichten Seifenlösung. Tupfen Sie ihn dann trocken, und legen Sie ihn drei Tage in eine Schale voll Meersalz, so dass er völlig bedeckt ist. Anschließend reinigen Sie ihn vom Salz, das Sie danach nicht mehr verwenden sollten. Dann wird der Stein in Sonnen- oder Mondlicht gebadet. Weihen Sie Ihren Stein dem Schutz Ihrer Räume oder einem besonderen Zweck. Sprechen Sie diese Weiheformel laut aus.

Über die Kraft der Kristalle, insbesondere der Heilsteine, gibt es hervorragende Literatur, wenn Sie dieses Thema für sich vertiefen wollen. Hier eine kurze Zusammenstellung einiger Kristalle und Steine, die Sie als Energiebewahrer in Ihrem Heim aufstellen können.

● **Rote Steine** Für Mut, Kraft und Lebensfreude Jaspis, Granat und Rubin. Jaspis ist bei der Geburt hilfreich, Granat gibt Antriebskraft und unterstützt die Liebe zur Gestaltung des Heims. Bei Umzügen ist er sicher ein hilfreicher Gefährte. Rubin fördert u. a. die geistige Durchhaltekraft.

● **Rosa Steine** Rosenquarz ist der klassische, sehr kraftvolle Vertreter dieser Farbgattung, der hilft, Neues hervorzubringen. Er beschützt sanfte und weiche Gefühle und ist dem Herzen zugeordnet. Rhodochrosit ist im Gegensatz zum Rosenquarz nicht transparent, sondern mit weißen Mustern durchzogen. Er führt zu einer Bereinigung der Gefühlsebene. Rosa Steine helfen grundsätzlich bei Liebeskummer und allen anderen Herzensangelegenheiten.

● **Orange Steine** Der bekannteste Vertreter ist der Karneol, der Vitalität, Geselligkeit und schöpferische Kräfte unterstützt. Er fühlt sich in Ihrem Wohnzimmer wohl.

● **Gelbe Steine** Obwohl Bernstein eigentlich ein Harz ist, zählt er doch zu dieser Kategorie der Steine. Bernsteine gibt es von hellem, milchigem Gelb bis zur tiefen goldenen Honigfarbe. Seine sonnige Farbe fördert Glück und Erfolg beim Schaffen eines Heims. Er saugt vor allem negative Energien auf. Zitrin hilft beim Lernen und Verarbeiten neuer Erkenntnisse und hat auf dem Schreibtisch einen geeigneten Platz. Auch das braungelb schimmernde Tigerauge hat einen Bezug zum Denkvermögen und dem Verstand und hilft der Konzentration.

● **Grüne Steine** Malachit ist ein grünschwarz durchzogener Stein, der Verkrampfungen löst und Entspannung fördert. Smaragd ist ein alter Heilstein, der die Augen tröstet. Er unterstützt die Genesung und Regeneration. Grüne Jade bringt Frieden und einen ruhigen Schlaf, vor allem bei kleinen Kindern. Den Chinesen gilt der Stein als Symbol für die fünf himmlischen Tugenden Reinheit, Unwandelbarkeit, Klarheit, Wohlklang und Glück.

● **Türkis** Türkis ist der Schutzstein an sich. Er wird in orientalischen Ländern als Amulett gegen den »bösen Blick« – sprich Auraverschmutzung – getragen. Er hilft aber auch beim Reden und gibt Kraft. Gute, echte Türkise sind selten; achten Sie beim Kauf auf die Qualität des Steines.

● **Blaue Steine** Lapislazuli, der dunkelblaue, manchmal mit goldenen Pyritflimmern durchzogene Stein, galt den Menschen früher als heiliger Stein, mit dem sie ihre Altäre gestalteten. Er fördert die Intuition und hilft, den Kontakt zum Göttlichen herzustellen.

Krone und Reichsinsignien wurden früher mit Edelsteinen geschmückt: teils, um Macht und Reichtum zu demonstrieren, teils aber auch, weil man von der Heil- und Schutzwirkung der Steine wusste.

Saphir ist von starker Ausstrahlung und unterstützt die Glaubenskraft. Er macht geduldig, aber leider manchmal auch überheblich.

Aquamarin wirkt besänftigend und kühlend. Er beruhigt die Nerven und hilft gegen Depressionen und Wetterfühligkeit.

● **Violette Steine**   Bekanntester Vertreter der violetten Steine ist der Amethyst. Er hilft, Trauer zu ertragen, macht friedlich und gelassen. Er fördert wie kein anderer Stein den Zugang zu den eigenen spirituellen Kräften.

● **Weiße Steine**   Der Stein, der eigentlich in jeden Haushalt gehört, ist der Bergkristall. Er gleicht unharmonische Energien sehr gut aus und optimiert ihren Fluss. Stellen Sie ihn in der Nähe eines sonnigen Fensters auf, so dass das Sonnenlicht hindurchfallen kann. Er füllt dann den Raum mit Schwingungen von Harmonie und Frieden, denn er unterbricht die energetischen Störungen.

Für diese Tätigkeit sollten Sie ihm danken und ihn hin und wieder mit einem Reinigungsbad belohnen, damit er seine Kraft behält.

Eher unwahrscheinlich ist es, dass Sie sich einen Diamanten in die Wohnung stellen – es ist eine Preisfrage –, auch wenn er ein Stein höchster Reinigungskraft ist.

● **Schwarze Steine**   Schwarz absorbiert Kraft – natürlich auch negative –, und das nennt sich Bannen. Zum Bannen ist schwarzer Turmalin geeignet, aber verwenden Sie ihn nicht zu großzügig, wenn Sie weiterhin Wert auf Besuch legen. Onyx hilft bei Vergesslichkeit und Zerstreutheit und unterstützt die Disziplin. Dunkler Rauchquarz erdet die Energien und gibt Kraft und Mut.

● **Natürliche Steine**   Es sind nicht nur die oft kostbaren Edelsteine, die eine große Kraft ausstrahlen. Manchmal »findet« Sie ein ganz unauffälliger Stein und spricht Sie an. Nehmen Sie ihn mit, und behandeln Sie ihn wie die Kristalle. Es kann ein rund gewaschener Kiesel sein, ein Stück Glimmer, eine Versteinerung, ein seltsam gefärbtes Felsbröckchen, das plötzlich auf Ihrem Weg liegt. Mein Lieblingsstein ist ein kleiner halbtransparenter Quarzbrocken, den ich am Strand gefunden habe. Er muss jahrelang im salzigen Meerwasser gelegen haben und hat eine beinahe greifbare Kraft.

Rosenquarz und Bergkristall sind die klassischen Schutzsteine für menschliche Behausungen. Sie bewahren Klarheit und unterstützen eine liebevolle, sensible Öffnung für andere Menschen.

73

Nach der Reinigung schützen & bewahren

Wenn Sie Ihr Haus oder einige Räume durch ein geeignetes Ritual von störenden Einflüssen gereinigt haben, ist es sinnvoll, diesen energetisch ausgeglichenen Zustand so lange wie möglich aufrechtzuerhalten. Natürlich wollen Sie die Absicht, mit der Sie die Reinigung durchgeführt haben, auch erfüllt und erhalten sehen. Dabei sind bestimmte Schritte und Hilfsmittel hilfreich.

Diese stellen wir Ihnen im Folgenden nach den vier Elementen gegliedert vor. Wir betrachten zunächst, was geschieht, wenn die Elemente im Ungleichgewicht sind, und wie das wiederhergestellte Gleichgewicht erhalten werden kann.

Wird jemand von der Macht seiner Leidenschaft überwältigt, sagt man, bei ihm seien »die Sicherungen durchgebrannt«. Brennen die elektrischen Sicherungen in Ihrer Wohnung auffällig oft durch, ohne dass der Elektriker eine Ursache feststellen kann, sollten Sie einmal in dieser Richtung forschen.

Die Feuerenergie

Die Qualität des Feuers ist Aktivität, Willenskraft, Wärme und Helligkeit. Alles, was in Ihrem Haus mit elektrischer Energie betrieben wird, hat einen starken Bezug zu diesem Element: die elektrischen Leitungen, die Sicherungen, Küchengeräte, Lampen, die Heizung und auch das Fernsehgerät.

In einem Haushalt, in dem die Feuerenergien nicht im Gleichgewicht sind, werden Sie häufig erleben, dass die Glühbirnen schneller als üblich durchbrennen, grundlos die Heizung ausfällt, die Waschmaschine ihren Geist aufgibt, Kabel an unzugänglichen Stellen verschmoren und jedes entfernte Gewitter die elektrischen Uhren zum Verrücktspielen bringt. Selbstverständlich müssen Sie einen Elektriker diese Phänomene untersuchen lassen, aber zusätzlich kann eine Reinigung mit der Absicht, die Feuerenergien in Balance zu bringen, hier mithelfen, zukünftige Ausfälle zu vermeiden.

74

Die eigene Feuerenergie ausgleichen

Setzen Sie sich mit dem Thema »Feuer« auseinander – was es für Sie und Ihre Mitbewohner bedeutet. Wie schon gesagt: Das Feuer ist Willenskraft, Dynamik und Aktivität. Gibt es irgendwo einen Überschuss davon, oder wird es unterdrückt? Wo Menschen ihren Willen ständig unterdrücken, entstehen Gedankenformen der Frustration, die den Energiefluss blockieren. Er entlädt sich dann vielleicht plötzlich im Leitungssystem des Hauses. Wo Willenskraft übermächtig wird, entstehen häufig aggressive Strömungen.

Die harmonisierte Feuerenergie bewahren

Reinigen Sie die Räume nach einem von Ihnen gewählten Verfahren und laden Sie sie dann Ihrer Absicht entsprechend auf. Statt Frustration könnte etwa Freude Ihr Ziel sein, statt Aggression Geduld.

Bringen Sie dann zur Bewahrung der Balance etwas natürliches Feuer symbolisch in die Räume. Sie können etwa ein paar Spiegel so aufhängen, damit sie das Sonnenlicht in die Ecken der Räume reflektieren.

Eine weitere Möglichkeit ist es, einen Bergkristall ins Fenster zu stellen, der das Sonnenlicht in das Zimmer leitet. Gleichzeitig erhöht er die harmonischen Schwingungen. Auch eine Kristallkugel fängt das Licht und leitet es. Hier ist jedoch Vorsicht geboten! Stellen Sie eine Kristallkugel nie so auf, dass die gebündelten Strahlen auf einen brennbaren Untergrund (Holz!) fallen. Es entsteht nämlich eine beträchtliche Hitze durch das fokussierte Licht, die Brandlöcher in Ihre Möbel brennen kann.

Auch geschliffenes Bleikristall, wie es in Fensterbildern verwendet wird, können Sie dekorativ einsetzen, um farbige Feuerakzente zu schaffen.

Wenn Sie einen sicheren Platz haben, können Sie natürlich auch eine Kerze, möglichst als Windlicht, brennen lassen. Aber achten Sie wirklich darauf, dass niemand – Kinder, Tiere, Zugluft – dieses Flämmchen zum Flammenmeer werden lässt.

Wenn Sie mögen, rufen Sie bei einer brennenden Kerze oder dem Kaminfeuer den Geist des Elementes Feuer an und bitten ihn, Ihr Haus mit Licht und Wärme, mit Kraft und Energie zu füllen.

Bei einem Überschuss an Feuerenergie sollten Sie bei der Reinigung und zur Balance keine roten Farben anwenden, sondern kühles Blau, Grün oder Weiß nehmen.

Die Wasserenergie

Wasser entspricht dem Gefühlsleben, den Emotionen und der Sensibilität. Alle Wasserleitungen, Heizkörper, Zisternen und Drainagen sind diesem Element zugeordnet.

Sind die Wasserenergien nicht ausgewogen in Ihrem Heim, haben Sie vielleicht mit verstopften Rohren oder Abflüssen, ständig tropfenden Hähnen, gluckernden Heizkörpern, feuchten Stellen an den Wänden zu kämpfen oder erleben schlimmstenfalls einen Wasserrohrbruch.

Auch hier geht es natürlich nicht ohne Hilfe des Klempners oder Heizungsfachmanns. Aber anschließend können Sie die Wasserenergien reinigen und wieder ins Gleichgewicht bringen.

Die eigene Wasserenergie ausgleichen

Prüfen Sie Ihre Einstellung und die Ihrer Mitbewohner zu dem Thema »Wasser« – in diesem Fall vertritt es die Gefühle. Verletzte Gefühle, unterdrückte Gefühle, fehlgeleitete Gefühle verursachen starke Entladungen in der Aura eines Menschen, was sich in der feinstofflichen Atmosphäre als negative Gedankenformen ausdrückt und bis in die materielle Welt hineinwirken kann, wie im Extremfall der Poltergeisteffekt zeigt. Versuchen Sie, an sich selbst zuerst herauszufinden, wo Ihre gefühlsmäßige Unzufriedenheit herkommt, die sich dann in den Räumen als blockierter Energiefluss darstellt oder den Eindruck der Einengung verursacht. Arbeiten Sie an Ihrer Einstellung, und bringen Sie bei der Reinigung und Klärung dieser Energien Ihre Absicht ganz deutlich mit ein, den Zustand zum Besseren zu gestalten.

Prüfen Sie auch, wo Ihre Mitbewohner Schwierigkeiten mit ihren Gefühlen haben. Ein Reinigungsritual ist wesentlich wirkungsvoller, wenn alle in den Räumen lebenden Personen ihre Gedankenkraft einbringen.

Bei einem Überschuss an Wasserenergie und zu vielen, ausufernden Gefühlen wirkt disziplinierendes Schwarz häufig strukturierend und mäßigend.

Die harmonisierte Wasserenergie bewahren

Wenn die Wasserenergien nach dem Reinigen und Aufladen wieder frei fließen, holen Sie Wasser zur Beibehaltung dieses natürlichen Flusses in die Räume. Das kann im einfachsten Fall eine schöne Schale mit geweihtem Wasser sein, die, in Heizungsnähe aufgestellt, gleichzeitig als Luftbefeuchter dient. Sie können auch einzelne dekorative Blüten darin schwimmen lassen, die mit Ihrer Vorstellung von harmonischer Ausgeglichenheit korrespondieren. Oder versprühen Sie hin und wieder duftendes Wasser oder solches, das mit den passenden Bach-Blütenessenzen energetisch wirksam angereichert ist.

Wenn Sie ein Freund von Zierfischen sind, ist ein Aquarium ein attraktives und nützliches Wassersymbol. Den schwebenden bunten Fischen, den wogenden Wasserpflanzen, den aufsteigenden Luftperlen zuzuschauen hat nachgewiesenermaßen einen ungemein beruhigenden Effekt auf die Psyche des Menschen.

Natürlich gibt es auch zierende Zimmerspringbrunnen, bei denen das leise Plätschern des Wassers besänftigend wirkt und die die Luft mit Feuchtigkeit anreichern.

Achten Sie aber darauf, dass das Wasser, egal, ob Schale oder Brunnen, Aquarium oder Sprühflasche, auch gepflegt wird. Abgestandenes Wasser, in dem sich Staub und Schmutzpartikel ansammeln, hat keine stabilisierende Wirkung mehr.

Wenn Sie die Kräfte des Wassers in Ihr Heim rufen wollen, können Sie das etwa an einem regnerischen Tag machen, indem Sie ein Fenster öffnen und den Geist des Wassers bitten, Ihre Wohnung mit Sensibilität und reinen Gefühlen zu erfüllen. Sie können auch eine Flasche Quellwasser von einem Spaziergang mitbringen, es in ein schönes Gefäß füllen und den Geist des Elementes Wasser um seinen Beistand bitten.

Die Erde symbolisiert alles Materielle, Geduld und Beharrlichkeit, aber auch den Schutz allen Lebens. Die Erdkraft wirkt zentrierend.

Die Erdenergie

Die Erde ist Materie, und Ihr Heim ist aus Erde gebaut. Die Erde entspricht dem Schutz, der Mütterlichkeit, der Stärke. Gut geerdet zu sein, sich zentriert zu fühlen, mit beiden Beinen auf der Erde stehen ist eine Grundvoraussetzung, damit man seine Aufgaben bewältigen kann. Die Erdenergie gibt Standhaftigkeit, Beharrlichkeit, Geduld und Festigkeit.

Wo diese Energie im Ungleichgewicht ist, zerfällt die Materie. Dinge gehen entzwei, Risse bilden sich in den Wänden, Putz löst sich, ständig fällt etwas herunter, will nicht an seinem Platz bleiben. Manche Sachen verschwinden einfach und tauchen an anderen Stellen wieder auf, Türen quietschen, Fenster verziehen sich, und Fliesen brechen. Im schlimmsten Fall versagt der Schutz, und bei Ihnen wird eingebrochen.

Reparieren Sie die Schadstellen, und bringen Sie dann die Erdenergien in Ihrem Heim ins Reine.

Grün heilt die Erde und die Menschen. Verwenden Sie Grün im Ritual und als Farbe zum Bewahren der Balance.

Die eigene Erdenergie ausgleichen

Prüfen Sie, wo Sie ungeduldig und sprunghaft sind, wo Sie fahrig mit der Materie umgehen. Nervosität und Rastlosigkeit bringen den Fluss der Energie durcheinander, er wird verwirbelt, ziellos und unwirksam.

Üben Sie sich selbst in konzentriertem Handeln, und führen Sie ein Klärungsritual durch, das den Fluss der Energie wieder fokussiert und kraftvoll durch die Räume fließen lässt.

Die harmonisierte Erdenergie bewahren

Wenn das erreicht ist, halten Sie diesen Fluss beständig, indem Sie die Kraft der Erde in Ihr Haus holen. Sie können dazu die entsprechenden Kristalle an Plätzen aufstellen, wo Sie besondere Geduld brauchen – beim Arbeiten oder mit Ihren Mitbewohnern.

Eine andere, ganz gebräuchliche Art, Erdenergien in den Räumen in Fluss zu halten, sind Topfpflanzen. Sie personifizieren nicht nur die lebendige Erde, sie sind auch dekorativ und verbessern das Raumklima mit ihrer Blattatmung.

Sprechen Sie mit Ihren Pflanzen, streichen Sie ihnen hin und wieder über die Blätter, und gönnen Sie ihnen dann und wann einen Schluck geweihten Wassers.

Wenn Sie einen Garten vor dem Haus haben, können Sie dort eine energetische Schutzhecke pflanzen. Sie ist nicht nur dekorativ, sondern auch pflegeleicht, wenn sie aus den kraftvollen Pflanzen unserer heimischen Natur und nicht aus anfälligen »Exoten« besteht. Hier ein kurzer Überblick über die Sträucher und ihre Wirkung.

● **Weißdorn**   Er ist eine klassische Heckenpflanze, die im Frühling weiß blüht, aber auch scharfe Dornen besitzt. Daher ist eine Weißdornhecke als Schutz durchaus auch praktisch geeignet. Weißdorn wird mit Liebe und Heirat in Verbindung gebracht und ist daher für junge Familien die ideale Heckenpflanze.

● **Buchsbaum**   Der immergrüne Buchsbaum ist das Symbol der Dauerhaftigkeit. Sie sollten ihn pflanzen, wenn Sie lange an diesem Ort wohnen bleiben wollen.

● **Haselbusch**   Dem Haselbusch sagt man in der keltischen Tradition nach, dass seine Nüsse Zauberkraft besitzen. Haselbüsche sind der Weisheit und der Dichtkunst zugeordnet. Ein kreativer Haushalt braucht einen Haselbusch!

● **Holunder**   Das klassische Abwehrmittel gegen böse Kräfte ist der Holunder. Er galt als der Schutzbaum der nordischen Göttin Freya. Seine Blütendolden duften süß, und aus den Beeren kann man einen köstlichen Saft bereiten, der in Verbindung mit Glühwein wirklich jeden bösen Schnupfen-Geist zum Verdampfen bringt.

● **Stechpalme (Ilex)**   Der immergrüne Ilex bekommt im Winter hübsche rote Beeren und dient der Dekoration des Hauses um die Wintersonnenwende. Die Stechpalme bringt ruhigen Schlaf und sollte demnach vor dem Schlafzimmerfenster stehen.

● **Wacholder**   Seine Beeren werden im Räucherwerk verwendet, sein Duft, wenn man ihn mag, gibt neue Kraft bei Erschöpfung. Er ist ein guter Schutzbaum und sollte am Eingang des Hauses stehen.

● **Wein**   Weinlaub, das sich am Haus hochrankt, ist ausgesprochen dekorativ, und je nach Sorte trägt der Stock auch essbare Trauben. Wein steht für Fruchtbarkeit und Reichtum.

● **Eibe (Taxus)**   Die Eibe hat starke Schutzwirkung. Wegen des hochwirksamen Giftstoffes in den Eibensamen ist dieser Busch jedoch nur bedingt in Haushalten mit kleinen Kindern angebracht.

Der in unseren Breiten heimische Wacholder wächst meist als niederliegender Strauch. Man sagt, dass er vor bösen Geistern schützt.

Wenn Sie – beispielsweise bei der Gartenarbeit oder dem Umtopfen der Zimmerpflanzen – den Geist der Erde in Ihr Heim rufen, bitten Sie ihn um Stabilität, Schutz und Ausdauer.

Die Luftenergie

Die Luftenergie steht für die geistigen Fähigkeiten, den scharfen Intellekt und das schnelle Denken. Sie zeigt sich in allen Luftströmungen im Haus, im Zug des Kamins, beim Wärmeaustausch durch die Heizung und in den Gerüchen.

Versuchen Sie, gelbgrüne und grüngelbe Farben in der Einrichtung zu vermeiden oder zu mildern.

Wenn die Energie der Luft nicht in Balance ist, zieht es in der Wohnung ständig aus unerklärlichen Gründen, oder die Raumluft ist schnell abgestanden und stickig. Sehen Sie auf jeden Fall Ihre Fenster und Türen nach, ob sie richtig schließen, und versuchen Sie, die Ursache unangenehmer Gerüche aufzudecken.

Die eigene Luftenergie ausgleichen

Überlegen Sie, wo Sie Ihre geistigen Kräfte fehlgeleitet haben. Ein scharfer Verstand kann nützlich sein, scharfe Worte jedoch verletzen und vergiften das zwischenmenschliche Klima. Zynismus, Sarkasmen, verbale Demütigungen (»Das kannst du ja sowieso nicht, dazu bist du zu dumm!«), dauernde kleine Spitzen beleidigen und bilden mit der Zeit negative Giftpfeile, die wehtun.

Leiten Sie anschließend die Reinigung mit einem kräftigen Durchzug ein, aber achten Sie darauf, dass keine Fenster und Türen durch das Zuschlagen beschädigt werden. Dann vollziehen Sie ein entsprechendes Ritual mit Luftreinigungsmitteln, damit die Luftenergien wieder im Gleichklang schwingen.

Die harmonisierte Luftenergie bewahren

Um die Luftenergien zu bewahren, können Sie die zuvor beschriebenen Düfte verwenden, indem Sie hin und wieder Duftwasser versprühen, frische, duftende Sträuße aufstellen, getrocknete Kräuterbündel aufhängen oder, was sehr dekorativ ist und die Kreativität fördert, Blumenpotpourris für Ihr Heim zusammenstellen. Potpourrikugeln, Schalen oder Schüsseln mit sorgfältig getrockneten Blumen und Kräutern sind nicht nur wegen der Farbkomposition hübsch anzusehen, sondern können auch harmonisch im Geruch aufeinander abgestimmt werden. Über die englische Tradition, Potpourris selbst herzustellen, kann man sich durch entsprechende Lektüre kundig machen, aber bereits zusammengestellte Potpourris sind vielerorts ebenfalls erhältlich. Achten Sie darauf, dass die getrockneten Pflanzen mit natürlichen, nicht mit synthetischen Düften parfümiert sind.

Aber es gibt noch eine andere Methode, um die Schwingungen der Luft zu beeinflussen. Klang ist das Zauberwort. Ein Windspiel aus kleinen harmonisch abgestimmten Glöckchen, das vor dem Fenster hängt und bei jedem Windhauch ein zartes Klingen von sich gibt, ist eine Möglichkeit. Etwas lauter sind die Klangspiele, meist sechs Metall- oder Holzröhren, in deren Mitte ein Pendel schwingt. Je nach Größe geben sie ein mehr oder weniger wunderbar hallendes Geläut von sich. Vor meinem Schlafzimmerfenster hängt ein sehr großes Klangspiel, das auf die Mondschwingung abgestimmt ist und dessen Klänge ich beim Einschlafen wirklich nicht mehr missen möchte.

Rufen Sie, wenn draußen eine besonders klare Luft herrscht, am offenen Fenster den Luftgeist in Ihr Heim, und bitten Sie um geistige Klarheit.

Potpourris aus getrockneten Blumen und Kräutern sollten nicht synthetisch behandelt sein, weil synthetische Stoffe Allergien oder Kopfschmerzen auslösen können.

Luftbewegung, Klang und Düfte – sie sorgen für Klarheit in Räumen.

Besondere Anlässe für die Reinigung

Die Energien in der Wohnung ins Gleichgewicht zu bringen ist immer dann sinnvoll, wenn Sie das Gefühl haben, dass sich irgendwo etwas angestaut hat oder die Energie sich kraftlos und abgestanden anfühlt. Doch es gibt auch bestimmte konkrete Anlässe und Situationen, in denen eine größere Reinigung notwendig ist.

Ein neues Haus

Ein selbstverständlich erfreulicher Anlass ist der Bezug eines neu errichteten Hauses. Hier gibt es keine von Vorgängern überlassenen Fremdenergien, aber Ihre eigene Atmosphäre ist auch noch nicht eingezogen. Das Haus muss erst noch das Ihre werden, Ihre Schwingungen aufnehmen, die durch Laute, Gerüche, Gedanken, Ihre Einrichtung, Ihre Farben und Ihre Gefühle entstehen.

Bei der Grundsteinlegung können Sie zum Schutz des Hauses einen Ihrer Lieblingskristalle mit in das Fundament geben.

Außerdem ist der Erdboden mit Baumaschinen aufgerissen worden, Beton ist in die Wunde gegossen worden, es wurde gehämmert, Sägen kreischten, Bohrer dröhnten durch die Wände, Dutzende von Handwerkern tummelten sich auf dem Grundstück und im Haus. Das Energiegleichgewicht ist nicht ganz ausbalanciert.

Wenn Sie Ärger bei dem Bau hatten – und der lässt sich leider nie ganz vermeiden –, reinigen Sie sich vor dem Einzug erst einmal selbst von den negativen Gedankenformen, die Sie entwickelt haben. Es ist kein gutes Vorzeichen, wenn man mit Wut im Bauch in das neue Heim einzieht.

Ein mögliches Vorgehen, um sich mit dem Haus anzufreunden und es schon etwas zu imprägnieren, wäre folgendes.

● Besuchen Sie das leere Haus, und verbringen Sie eine Weile darin, um sich in Ruhe mit Licht, Geruch und Geräuschen anzufreunden.

82

● Wenn Sie mögen, versuchen Sie, den Namen des Hauses herauszufinden, oder geben Sie ihm einen Namen, der Ihnen gefällt. Was Sie beim Namen nennen können, hat einen besonderen Bezug zu Ihnen.

● Vollziehen Sie die persönliche Reinigung, etwa durch ein Bad in Salzwasser und eine Meditation über die Zukunft in dem neuen Heim. Das geht in einem warmen, entspannenden Bad besonders gut.

● Stellen Sie vier symbolische Gegenstände, die jeweils das Feuer, das Wasser, die Erde und die Luft verkörpern, zusammen: etwa eine Kerze, ein Wasserschälchen, einen Stein oder Kristall und ein Federchen. Arrangieren Sie die vier Gegenstände auf einem Tablett, so dass Sie einen tragbaren Altar haben.

● Wenn Ihre Mitbewohner sich damit einverstanden erklären, führen Sie dann das Hereinrufen der vier Elemente gemeinsam durch. Stellen Sie Ihren kleinen Altar in die Mitte einer jeden Etage, und bitten Sie die Kräfte von Feuer, Wasser, Erde und Luft mit Ihren eigenen Worten in das Haus. Sie können das leise in Gedanken tun, schöner ist es aber, wenn Sie laut sprechen oder gar singen. Ihrer Phantasie sind dabei keine Grenzen gesetzt, Sie können nichts falsch machen dabei, wenn es aus Ihrem Herzen kommt.

Ein älteres Gebäude

Ein Haus oder eine Wohnung, in der zuvor eine oder mehrere Parteien gewohnt haben, hat einen Teil der Schwingungen dieser Personen aufgenommen. Wer einmal auf Haus- oder Wohnungssuche war, weiß, was das bedeutet. Es ist überaus wichtig, sich auf den ersten Eindruck zu verlassen, den man bekommt, wenn man in die Tür tritt. Was immer Ihnen Besitzer oder Makler erzählt: Hören Sie weg, wenn Sie ein unangenehmes Gefühl in den Zimmern haben. Die Wohnung mag das Schnäppchen des Jahrzehnts sein, traumhaft gelegen und mit allem Komfort ausgestattet – wenn Sie eine unerklärliche Abneigung verspüren, nehmen Sie sie nicht. Sie würden anschließend – Reinigung hin, Klärung her – dort immer von dieser Abneigung verfolgt werden.

Beim Kauf oder der Anmietung von Wohnräumen mit einem Vorbesitzer sollten Sie behutsam vorgehen und auf die dortigen energetischen Verhältnisse achten. Am besten sensibilisieren Sie sich dafür vor der ersten Besichtigung durch Entspannungsübungen.

Fühlen sich Haus oder Wohnung zunächst neutral oder positiv an, nehmen Sie es bzw. sie unbenommen. Die vorhandenen Schwingungen lassen sich glätten und mit Ihren Absichten und Wünschen neu aufladen. Vor dem Einzug sollten Sie die Räume gründlich reinigen oder renovieren. Schon dadurch wird eine von Ihnen bestimmte Atmosphäre hergestellt. Bei diesen Arbeiten können Sie auch bereits damit anfangen herauszuspüren, welche Strömungen, welche Restgedanken sich an welchen Stellen befinden.

Scheidungen führen oft dazu, dass Häuser und Wohnungen verkauft werden müssen. Oft sind dort noch Spuren der vorhergehenden Streitereien zu finden.

Sie können versuchen herauszufinden, ob es irgendwelche gravierenden Probleme in dem Haus gegeben hat.

Auch Erbschaftsstreitigkeiten, lange Krankheiten und Tod hinterlassen ihre Male.

Der natürliche Tod in einem Haus ist jedoch nichts Beängstigendes und kein Grund, übertriebene Reinigungsmaßnahmen zu ergreifen – vor allem wenn der entsprechende Mensch friedlich und im Einklang mit seiner Familie und Umgebung gestorben ist. Sie können dem Verstorbenen bei Ihrem Einzugsritual ein paar liebevolle Gedanken widmen.

Aber es gibt nicht nur Häuser mit negativer Vergangenheit. Es gibt auch immer noch viel Glück und Zufriedenheit auf der Welt. Bisher wurde in diesem Buch erläutert, wie man negative Gedankenformen und unausgewogene Energieflüsse beseitigt und reinigt, was vielleicht den Schluss nahe legt, dass wir ständig von unangenehmen Schwingungen umgeben sind. Dem ist wirklich nicht so. Wenn Sie ein Haus finden, in dem Sie Harmonie und Wärme spüren, das lichtdurchflutet wirkt, in dem in den Ecken noch das Lachen spielender Kinder sitzt, das Murmeln vertrauter Gespräche noch im Kamin nachhallt, in dem Ihre Katze zu schnurren beginnt und Ihr Hund freudig jappt, dann wäre jeder energetische Reinigungseinsatz eine Dummheit, und Sie sollten dankbar dafür sein, dass Sie ein solches Haus gefunden haben. Versuchen Sie es im gleichen Geist weiter zu bewohnen.

Haben Sie dieses Glück nicht, sondern Sie haben vielmehr den Eindruck, dass sich wirklich sehr hartnäckige Reste von alten Zwistigkeiten, von Schmerz und Demütigung, Sucht, Einsamkeit und Trauer in den

Räumen befinden, dann führen Sie ein Klärungsritual durch, bei dem Sie Ihre eigenen Absichten und Wünsche einbringen. Vergessen Sie auch nicht, diese neuen Energien zu bewahren, indem Sie die entsprechenden Gegenstände – Kristalle, Kräuter, Duftschalen u. Ä. – beim Einzug aufstellen.

Einzug

Nach einer alten Sitte trägt man beim Einzug in ein neues Heim als Erstes Brot und Salz hinein. Dieser Akt symbolisiert den Wunsch, dass in diesem Heim Brot und Salz nie ausgehen mögen – kurz, dass nie Hunger und Armut herrschen mögen.

Wenn in Ihrer Nachbarschaft jemand einzieht, ist es eine freundliche Geste, diese beiden kleinen Gaben vorbeizubringen.

Und dann gibt es natürlich noch ein sehr wirkungsvolles Ritual zum Einzug, das aus den USA auch inzwischen zu uns gekommen ist – die Housewarmingparty. Dabei geht es unüberhörbar fröhlich zu. Dass »böse Geister« (sprich negative Gedankenformen) durch Lärm vertrieben werden können, ist ein alter Brauch in vielen Kulturen. Unsere

Gestalten Sie das Reinigungsritual beim Einzug als fröhliche Party, deren Freude und Lautstärke alte Energien ganz schnell vertreiben!

Feiern Sie doch ein ausgelassenes Fest, wenn Sie eine neue Wohnung beziehen; das vertreibt alte und unerwünschte Geister.

85

Silvesterraketen etwa sollen den Geistern des alten Jahres unmissverständlich deutlich machen, dass es jetzt wirklich Zeit ist zu gehen. Also statten Sie die nach Möglichkeit zahlreichen Besucher Ihrer Einzugsparty mit Töpfen, Deckeln, Pfannen und allem anderen strapazierbaren Küchengerät aus, mit dem man Krach machen kann, und bitten Sie sie, mit Ihnen singend, klappernd, klatschend und lachend durch alle Räume zu ziehen. Je ausgelassener, umso besser. Lachen treibt den Teufel aus, sagt man.

Achten Sie nur darauf, dass sich Ihre Nachbarn nicht belästigt fühlen und Ihnen ein paar negative Gedanken – oder Worte – vorbeischicken.

Und das Beste, was Sie tun können, um ein neues Heim bis zum Rand mit positiver Energie zu füllen, ist herzliches Lachen – das Kichern von Kindern, das zufriedene Lächeln eines alten Menschen, das Lachen über Ihre eigenen Fehler und Schwächen, das Lachen auch aus purer Freude am Leben.

Neue Projekte

Gerade bei dem im Computerzeitalter immer häufiger werdenden Arbeitsplatz in den eigenen vier Wänden ist eine regelmäßige Klärung des Raumes sehr wohltuend. Die teilweise angestrengte Arbeitsenergie wird dadurch immer wieder abgeleitet.

Arbeitsräume haben eine ganz eigene Energie – sowohl Büroräume in Firmen als auch Arbeitszimmer im eigenen Haus. Geistige Arbeit hinterlässt ihre Spuren. Man vertieft sich in die Problemstellung, häuft Wissen dazu um sich an, führt Gespräche zum Thema und pflegt Gedankenaustausch mit anderen am Schreibtisch, man grübelt, entwickelt eine Beziehung zur Aufgabe, löst sie und ist eines Tages fertig damit. Dann beginnt das nächste Vorhaben, aber die Gedankenspuren des abgeschlossenen Projektes hängen noch im Raum!

Wenn Sie solche Arbeiten zu Hause machen, ist die Klärung für Sie einfach. Sie machen reinen Tisch, d. h., Sie räumen alles fort, was mit der alten Aufgabe zu tun hatte, Bücher, Papiere, Werkzeuge, Disketten usw., werfen alle überflüssigen Materialien oder Unterlagen fort, säubern den Schreib- oder Arbeitstisch und reinigen die Energie um Ihren Arbeitsplatz, etwa durch das Verbrennen eines Räucherkegelchens mit Salbei- oder Lavendelduft. Vielleicht reinigen Sie auch den Kristall, der Sie bei der vorherigen Aufgabe unterstützt hat, und laden ihn mit neuer Energie auf. Formulieren Sie Ihre Absicht, frische, kraftvolle Energie für Ihr neues Vorhaben zu erhalten, und schicken Sie diesen Wunsch mit dem Rauch in den Raum.

Sie werden sehen, nach einer solchen symbolischen Handlung fällt Ihnen die Umstellung auf eine neue kreative Herausforderung leichter.

Im fremden Büro ziehen Sie sich gegebenenfalls dumme Bemerkungen zu, wenn Sie anfangen, ein Räucherritual durchzuführen, aber gegen das Aufräumen und Säubern des Schreibtisches spricht wirklich nichts. Und es wird niemanden stören, wenn Sie ein wenig Lavendelwasser versprühen. Dass Sie dabei dem Duft in Gedanken Ihren Wunsch nach erneuerter Energie für Ihren Arbeitsplatz mitgeben, hört ja niemand. Sie können auch einen Strauß frische Blumen aufstellen oder ein Duftsäckchen in Ihre Schreibtischschublade legen.

Es geht bei dieser Reinigung vor allem um die symbolische Handlung, die Ihrem Unbewussten, das sehr viel feiner die umgebenden Schwingungen wahrnimmt, demonstrativ mitteilt, dass etwas Neues beginnt.

Ordnung auf dem Schreibtisch schaffen ist eine symbolische Handlung, die auch Ordnung im Kopf schafft.

Hotelbesuch

Ein schwieriges Kapitel sind Hotels, vor allem Businesshotels. Ferienhotels sind leichter zu fassen. In den Durchgangshotels, die weitgehend von Geschäftsleuten und Durchreisenden frequentiert werden, sind die Räume von sehr unterschiedlichen Menschen bewohnt, die zum Teil mit unterschiedlichen Problemen zu kämpfen haben. Wegen der dort vorherrschenden Anonymität und des Energiewirrwarrs sollte man den Aufenthalt in einem solchen Hotel nach Möglichkeit vermeiden.

Es ist wenig angebracht, in einem Hotelzimmer, das man nur für kurze Zeit bewohnt, Reinigungsriten durchzuführen, aber wenn Sie in diesen fremden Zimmern schlecht schlafen, können Sie sich ein Beutelchen mit getrocknetem Lavendel unter das Kopfkissen legen und sich vor eventuellen störenden Einflüssen durch die Vorstellung schützen, dass eine Hülle weißen Lichtes Sie umgibt.

Es gibt in Hotels natürlich auch das, was in Fachkreisen respektlos »kalte Abreise« genannt wird und bedeutet, dass ein Gast Selbstmord begangen hat. Kein Hotel kann es sich leisten, ein solches Zimmer dauernd unbenutzt zu lassen, so furchtbar das auch ist. Sollten Sie sensibel auf einen solchen Vorfall reagieren, bitten Sie um ein anderes Zimmer.

Zimmer in Ferienhotels oder Ferienhäuser, in denen Sie längere Zeit bleiben, können Sie durch eine kurze Salzwasserreinigung und den Wunsch, einen erholsamen Urlaub dort zu verbringen, von störenden Einflüssen reinigen, sofern sich überhaupt etwas Unangenehmes dort befindet. Denken Sie immer daran: Eine negative Gedankenform braucht Zeit und Kraft, um überhaupt nachhaltig wirksam zu sein.

Krankheit

Nicht jede Krankheit verlangt ein großes Reinigungsritual, aber die Spuren sollte man auf jeden Fall beseitigen.

Krankenzimmer sollten auf jeden Fall gereinigt werden, wenn es sich um eine schwer wiegende gesundheitliche Störung handelt. Ein einfacher Schnupfen hinterlässt noch keine Spuren, aber Leid, Schmerzen und Mutlosigkeit trüben die Lebensenergie. Nachdem der Kranke genesen ist, räumen Sie das Zimmer gründlich auf und beseitigen alle Spuren der Krankheit. Medikamente, medizinisches Gerät und ähnliche Dinge, die die Krankheit begleitet haben, verschwinden in Schränken, das Bett wird gründlich gelüftet oder sogar gereinigt, alle Einrichtungsgegenstände werden wieder an ihren Platz gestellt. Lassen Sie frische Luft in das Zimmer, damit der Geruch nach Medikamenten verfliegt. Dann formulieren Sie, welche frische Energie den Raum erfüllen soll. Bewohnt der Genesende den Raum weiter, sind seine Wünsche natürlich zu berücksichtigen, auf jeden Fall ist frische Lebensenergie notwendig.

Klassischerweise wurde früher während der Krankheiten und danach geräuchert, zum Teil wegen der desinfizierenden Wirkung des Räucherwerkes, zum anderen, um die »Krankheitsdämonen«, also die negative, krank machende Haltung, auszutreiben. Aber auch Düfte aus der Sprühflasche oder in Duftlampen unterstützen die Heilung und klären die Atmosphäre im Krankenzimmer.

Alpträume

Träume, aus denen man angstgeschüttelt aufwacht, kommen schon hin und wieder einmal vor und sind kein Grund zur Besorgnis. Träume haben auf der einen Seite den Sinn, »unverdaute« Tagesreste aufzubereiten und sie dann dem Vergessen zu übergeben. Tagesreste können nicht nur die bewusst erlebten Vorgänge sein, sondern auch Szenen oder Bilder, die wir nicht bewusst aufnehmen. Wenn Sie also Horrorszenarien träumen, überprüfen Sie zunächst Ihren Fernsehkonsum.

Die Träume haben aber auch noch eine andere Aufgabe, denn in ihnen spricht das Unbewusste – oder wenn Sie wollen, Ihre Seele – Ihre Bedürfnisse aus. Darum ist es grundsätzlich wichtig, auf die Träume zu hören und sich an sie zu erinnern. Man lernt sehr viel über sich und seine Wünsche und Ängste.

Haben Sie ständig wiederkehrende Träume mit beklemmendem Inhalt, schreiben Sie sie auf, und versuchen Sie, hinter die Bedeutung zu kommen. Das ist gar nicht so schwer, wenn man ehrlich sich selbst gegenüber ist, denn die Bilder der Seele sind meistens sehr eindeutig. Entweder verschwinden sie, wenn Sie sich ihnen stellen, oder Sie unterstützen die Auflösung mit einem Reinigungsritual, das zunächst einmal Sie selbst betrifft. Anschließend reinigen Sie Ihren Schlafraum von der Angstenergie der Alpträume und laden ihn mit beruhigender Kraft auf. Für Ihre eigene Reinigung sollten Sie sich Zeit und Ruhe gönnen und vor dem Bad in Salzwasser bei meditativem Weihrauchduft (Olibanum, eventuell mit Rosmarin oder Wacholder) über die Bedeutung der Alpträume nachdenken. Stellen Sie sich vor, dass mit dem Rauch die beängstigenden Träume aufsteigen und verschwinden. Anschließend reinigt das warme Salzwasser Ihre Aura von den dunklen Schatten.

Ihr Schlafzimmer räuchern Sie mit der Absicht, neue Alpträume zu vermeiden, aus, wobei Zedernholz oder Thymian unterstützend auf diese Absicht wirkt. Sie können zusätzlich ein kleines Duftkissen mit getrocknetem Thymian (in ein Batisttaschentuch eingebunden) unter das Kopfkissen legen.

Auch aus Alpträumen kann Ihr Unbewusstes sprechen – achten Sie darauf, denn sie sind Alarmzeichen Ihrer Seele!

Energievampire

O ja, die gibt es! Es sind Menschen, die Ihnen das Gefühl geben, nach dem Kontakt seelisch ausgelaugt zu sein. Den meisten Energieräubern ist ihr Verhalten vermutlich überhaupt nicht bewusst. Sie verspüren einfach das Bedürfnis, ihren eigenen niedrigen Energiehaushalt bei anderen aufzufrischen, was sich meist darin äußert, dass sie ihre ganzen kleinlichen Sorgen an einem geneigten Ohr abladen. Wenn das einmal vorkommt, ist das nicht schlimm, wir brauchen eben alle hin und wieder eine mitfühlende Seele. Eine Belästigung wird ein solcher Kontakt dann, wenn einem selbst dadurch ständig mehr und mehr Lebenskraft und Zeit geraubt werden. Die langfristig wirkungsvollste Lösung ist es, den Kontakt mit Energievampiren auf ein Minimum zu beschränken. Kurzfristige Hilfe bietet etwa die im Kapitel »Vorbereitende Techniken« genannte Atemübung Seite 20. Das Nächste wäre dann eine »Lichtdusche«, bei der Sie sich vorstellen, dass sich ein strahlendes weißes Licht von oben über Ihren ganzen Körper ergießt (siehe Seite 31). Unterstützt wird diese Vorstellung natürlich durch eine echte Dusche.

Wenn Sie von einem solchen Vampir ausgelaugt worden sind, ist es umso wichtiger, ein Heim zu haben, in dem ausgewogene Energien kraftvoll fließen, dann regenerieren Sie sich in kurzer Zeit.

Wehren Sie sich gegen Energievampire, vor allem wenn Sie sich selbst gerade nicht besonders stark fühlen.

Geister

Spuk und Gespenster – erdgebundene Geister, die noch nicht wissen, dass sie tot sind oder starke Bindungen an einen Ort haben, können sich in Häusern und Wohnungen bemerkbar machen. Sie können Ihnen nichts tun, und nur wenn Sie Angst haben, schaffen sie eine beängstigende Situation. Diese armen Geister wären sicher auch viel besser dran, wenn sie ihrer Bestimmung entsprechend dahin gehen könnten, wo sie hingehören. Wenn das Gespenst Sie also stört, helfen Sie ihm, sich von seiner Erdgebundenheit zu lösen.

90

Geister haben oft noch eine starke Erdverbundenheit. Sie können ihnen mit einem Ritual helfen, diese Bindung zu lösen.

Wenn Sie Ihr Reinigungsritual planen, versuchen Sie es unter dem Gefühl des Mitleids mit der herumirrenden Seele zu tun und nicht mit Angst und Furcht. Bereiten Sie sich und die Räume sorgfältig auf das Ritual vor.

Säubern Sie das oder die Zimmer, in denen Sie den Geist bemerken, und führen Sie die Feuer-Salz-Reinigung durch (siehe Seite 56).

Streuen Sie einen Kreis aus Salz in das Zimmer. An den Stellen, wo sich Türen oder Fenster im Raum befinden, lassen Sie den Kreis ein Stückchen offen. Türen oder Fenster lassen Sie ebenfalls einen Spalt offen, damit der Geist entweichen kann.

Zünden Sie eine weiße Kerze an, und bitten Sie den Geist dreimal laut, den Raum zu verlassen. Bitten Sie dann auch die höheren Kräfte oder die göttliche Macht, sich des Wesens anzunehmen und die Seele in das Licht zu führen. Bitten Sie aufrichtig und aus ganzem Herzen. Und fürchten Sie sich nicht.

In einer unserer Wohnungen hatte der Vorbesitzer einen kleinen schwarzen, dreibeinigen Hund gehabt. Der Geist dieses Tieres begegnete mir hin und wieder auf der Treppe. Er war ganz harmlos, und ich empfand ihn nicht als störend. Nach einigen Monaten war der Hundegeist dann von ganz allein verschwunden.

Geister sind völlig ungefährlich. Aber wenn man sich von ihnen gestört fühlt, sollte man ihnen helfen, sich aus der Erdgebundenheit zu lösen und ihren Frieden zu finden.

Ihr Heim – ein Spiegel Ihrer selbst

Alle Gegenstände Ihres Heims sollten Ihnen gefallen. Beherbergen Sie nach Möglichkeit nichts darin, was Sie hässlich finden.

Sie haben hier also eine ganze Reihe Möglichkeiten vorliegen, wie Sie mit Hilfe von Reinigungsritualen die Atmosphäre in Ihrem Heim ausgeglichen und harmonisch gestalten können.

Doch nicht nur Reinigungsrituale allein schaffen ein angenehmes Energieklima. Auch der Stil Ihrer Einrichtung und Ihr Ordnungssinn unterstützen den Eindruck, den Sie und andere von Ihrer Wohnung haben, denn alles, was Sie um sich herum gestalten, hat mit Ihnen zu tun. Oft genügt es, einen Raum frisch zu streichen oder einige besonders schöne Wohntextilien hinzuzufügen, um den eigenen vier Wänden neuen Glanz zu geben. Manchmal muss man auch nur störende Gegenstände entsorgen. Wenn Ihnen also das hässliche braune Sofa nicht gefällt und Sie sich ständig darüber ärgern, dann ändern Sie es!

Nichts spricht gegen ein bisschen gepflegte Unordnung. Sie lässt die Räume bewohnt und belebt aussehen. Aber wenn sich in Fluren und Ecken laufend schmutzige Schuhe, Mäntel, Hundefutter und Einkaufstüten anhäufen, dann räumen Sie sie besser weg.

Es muss nicht immer teuer und neu sein, was man braucht, um die Raumharmonie zu gestalten. Manchmal reicht es, ein paar Möbel umzustellen, eine farbenfrohe Tischdecke aufzulegen, einen Strauß Wiesenblumen in das Zimmer zu bringen, ein Glockenspiel aufzuhängen oder hellere Glühbirnen zu verwenden. Seien Sie experimentierfreudig, benutzen Sie Ihre Kreativität und Ihr handwerkliches Geschick. Aber vergessen Sie dabei nicht, auch immer mal wieder ein klärendes Gespräch mit den Mitbewohnern (oder mit sich selbst!) zu führen, um auch innerlich Ordnung einkehren zu lassen. Eine Wohnung, die Ihnen gefällt, mit der Sie sich identifizieren, die trägt auch Ihre positive Energieschwingung mit und ist ein wahrer Tempel der Erholung und Freude. Möge die Energie in Ihrem Heim immer kraftvoll und glücklich sein!

Literaturverzeichnis

Bauer, Wolfgang/Dümotz, Irmtraud/Golwin, Sergius: Lexikon der
   Symbole. Heyne 1995
Caland, Patrick und Marianne: Weihrauch und Räucherwerk.
   Windpferd 1995
Das H&R Buch: Parfüm – Lexikon der Duftbausteine.
   R. Glöss & Co. 1991
Deaver, Korra: Magische Kräfte und Spiritualität. Knaur 1993
Drury, Nevill: Lexikon des esoterischen Wissens. Knaur 1988
Glunk, Fritz: Das große Lexikon der Symbole. Gondrom 1997
Gasser, Manuel: Kräutergarten. Insel 1981
Hodapp, Bran: Rituale der weißen Magie. Peter Erd 1997
Jocharchi, Shahin: Tai Chi Chuan. Knaur 1989
Klinger-Raatz, Ursula: Die Geheimnisse edler Steine.
   Windpferd 1992
Linn, Denise: Die Magie des Wohnens. Goldmann 1996
Pogacnik, Marko: Schule der Geomantie. Knaur 1996
Roberts, Marc: Das neue Lexikon der Esoterik. Goldmann 1995
Scheffer, Mechthild: Selbsthilfe durch Bach-Blüten-Therapie.
   Heyne 1995

Impressum

© 1999 W. Ludwig Buchverlag in der Econ Ullstein List Verlag GmbH & Co.KG, München
3. Auflage 2002
Alle Rechte vorbehalten. Nachdruck – auch auszugsweise – nur mit Genehmigung des Verlags.

Redaktion:
Michael Kurth,
Sibylle Möhring

Projektleitung:
Berit Hoffmann

Redaktionsleitung:
Dr. Reinhard Pietsch

Bildredaktion:
Gabriele Feld

Illustrationen:
Roger Kausch

Umschlag:
Till Eiden

DTP/Satz:
Der Buchmacher
Arthur Lenner,
München

Produktion:
Manfred Metzger

Druck:
Weber Offset,
München

Bindung:
R. Oldenbourg,
München

Gedruckt auf chlor- und säurearmem Papier
Printed in Germany

ISBN 3-7787-3753-8

Über die Autorin

Ansha beschäftigt sich seit vielen Jahren mit Magie und artverwandten Gebieten. Sie versucht vor allem, eine Synthese zwischen alten magischen Praktiken und derzeitigen wissenschaftlichen Erkenntnissen herzustellen – Beziehungen, die insbesondere zur Psychologie und zu modernen ganzheitlichen Heilmethoden bestehen. Von Ansha sind im Ludwig Verlag die Titel »Das große Praxisbuch der weißen Magie«, »Hexenküchenzauber«, »Schwarze Magie – wie sie wirkt und wie wir uns davor schützen« und »Grundkurs Pendeln« erschienen.

Hinweis

Das vorliegende Buch ist sorgfältig bearbeitet worden. Dennoch erfolgen alle Angaben ohne Gewähr. Weder Autorin noch Verlag können für eventuelle Schäden, die aus den im Buch gemachten Hinweisen resultieren, Haftung übernehmen.

Bildnachweis

AKG, Berlin: 91; Fotoarchiv, Essen: 35 (Eisermann/Babovic), 46, 55 (A. Riedmiller); Image Bank, München: 8, 85 (G. Russ), 39 (A. D'Arazien); Mandell Institut, Bruchsal: 24; Mauritius: 1 (Filser); Südwest Verlag, München: 49 (M. Nagy), 65 (M. Tunger); Sperl Siegfried, München: Titel, 44, 69, 71, 72, 81; Tony Stone, München: 11 (R. Raymond), 21 (A. & L. Sinibaldi), 31 (D. Bosler).

Register